MEDITATION

Meditation Lernen, Stress Abbauen Energie Tanken

(Meditation Und Achtsamkeit Im Alltag Verbinden)

Nicole Daecher

Published by Knowledge Icon

© **Nicole Daecher**

All Rights Reserved

Meditation: Meditation Lernen, Stress Abbauen Energie Tanken (Meditation Und Achtsamkeit Im Alltag Verbinden)

ISBN 978-1-990084-97-3

All rights reserved. No part of this guide may be reproduced in any form without permission in writing from the publisher except in the case of brief quotations embodied in critical articles or reviews.

Legal & Disclaimer

The information contained in this book is not designed to replace or take the place of any form of medicine or professional medical advice. The information in this book has been provided for educational and entertainment purposes only.

The information contained in this book has been compiled from sources deemed reliable, and it is accurate to the best of the Author's knowledge; however, the Author cannot guarantee its accuracy and validity and cannot be held liable for any errors or omissions. Changes are periodically made to this book. You must consult your doctor or get professional medical advice before using any of the suggested remedies, techniques, or information in this book.

Upon using the information contained in this book, you agree to hold harmless the Author from and against any damages, costs, and expenses, including any legal fees potentially resulting from the application of any of the information provided by this guide. This disclaimer applies to any damages or injury caused by the use and application, whether directly or indirectly, of any advice or information presented, whether for breach of contract, tort, negligence, personal injury, criminal intent, or under any other cause of action.

You agree to accept all risks of using the information presented inside this book. You need to consult a professional medical practitioner in order to ensure you are both able and healthy enough to participate in this program.

Table of Contents

Kapitel 1: Warum Meditieren Lernen?..... 1

Kapitel 2: Was Ist Meditation Eigentlich... 4

Kapitel 3: Meditation: Auf Den Punkt Gebracht.. 20

Kapitel 4: Was Meditation Alles Kann 27

Kapitel 5: Diverse Arten Und Meditationstechniken........................... 35

Kapitel 6: Die Techniken Der Meditation 46

Kapitel 7: Schritte Zum Aufbau Einer Täglichen Meditationspraxis 58

Kapitel 8: Aktive Und Passive Mediation 64

Kapitel 9: Welche Vorteile Bringt Dir Die Meditation? 73

Kapitel 10: Welche Meditations-Techniken Gibt Es?... 82

Kapitel 11: Meditation - Temporäre Ruhe Und Dann Zurück In Den Alltag? 89

Kapitel 12: Den Gegenwärtigen Augenblick Genießen 97

Kapitel 13: Welche Meditationstechniken Gibt Es? 102

Kapitel 14: Kann Man Schamanismus Erlernen? 147

Kapitel 15: Stille 156

Kapitel 16: Wie Achtsamkeit Für Den Praktizierenden Von Vorteil Ist 161

Kapitel 17: Mit Meditation Leben 181

Kapitel 18: Schritt Für Schritt Anleitungen 183

Kapitel 19: Bilder Und Szenarien 198

Kapitel 1: Warum Meditieren Lernen?

Viele Menschen sind der festen Ansicht, dass Meditieren nur etwas für Yogis und esoterische Langhaar-Hippies ist? Sie fragen sich, von welchen Vorteilen man profitiert, wenn man einfach nichtstuend dasitzt und dann den Tag an sich vorbeiziehen lässt. Für sie ist Meditation einfach reine Zeitverschwendung.

Nun weiß ich aus meiner eigenen Erfahrung, dass viele dieser Menschen heute die Meditation als Alltagsroutine durchführen. Denn sie haben herausgefunden, dass es sich bei Meditation nicht um eine Zeitverschwendung handelt, sondern man Zeit gewinnt – dazu gleich mehr. Zudem haben sie alle anderen positiven Auswirkungen der Meditation am eigenen

Körper erlebt und wollen diese einfach nicht mehr missen.

Erlernst du zu meditieren, dann hilft das dir:

- dich nicht mehr so träge zu fühlen – du wirst wacher

- herunterzukommen – wenn du gestresst bist

- selbstbewusster zu werden – du gewinnst an innerer Stärke

- dass du deine Ängste besser in den Griff bekommst

- deine negativen Gedanken loszuwerden

- schnell Entspannung zu finden und neue Energie zu tanken

- dich rundum besser zu fühlen und das in kürzester Zeit.

Wenn du meditierst, dann wirst du sehr schnell spüren, dass du dich besser konzentrieren kannst oder fokussierter bist und klarer denkst. Das hilft dir dabei, deine Aufgaben schneller zu erledigen und das mit Leichtigkeit.

Genau aus diesem Grund habe ich oben angesprochen, dass es sich bei Meditation keineswegs um eine Zeitverschwendung handelt, sondern du Zeit gewinnst. Meditierst du, dann bist du ausgeruhter und kannst den Fokus besser auf deine Arbeit legen, die du schneller und mit mehr Tatendrang ausführst.

Investierst du täglich ein wenig Zeit in deine Meditation, dann wird diese über den Tag in Form von Lebenskraft, Energie und Klarheit wieder herauskommen und das als ein Vielfaches.

Kapitel 2: Was Ist Meditation Eigentlich

Du möchtest gerne mit dem Meditieren anfangen, weil andere dir davon berichtet haben oder du davon gelesen hast? Vielleicht bist du von den positiven Wirkweisen sehr überzeugt oder möchtest Meditation für dich anwenden um mehr Klarheit und Fokussierung in dein Leben zu bringen.

Wenn ich das Wort Meditation übersetzte, dann können wir es aus dem lateinischen von „meditatio" herleiten und das bedeutet nachdenken, nachsinnen oder überlegen.

Meditation wird in vielen Religionen und Kulturen praktiziert. In den Kulturen der östlichen Gegend ist Mediation eine grundlegende und zentrale Übung um das Bewusstsein zu erweitern. Es werden dort oft auch Begrifflichkeiten wie Stille, Leere, im Hier und Jetzt sein oder frei von Gedanken sein verwendet.

Doch mit was beschäftigt sich die Meditation eigentlich genau? Ist das nur ein spiritueller Quatsch den irgendwelche Gurus praktizieren? Oder ist Meditation tatsächlich eine fundierte Praktik um die Persönlichkeit und das eigene „Ich" weiter zu entwickeln.

Es gibt viele Worte, mit denen man Meditation, die Erfolge und die Wirkungsweisen von Meditation beschreiben kann. Doch was für den einen zutrifft, muss noch lange nicht für den anderen zutreffen.

Wer Meditation nicht probiert hat, kann auch nicht viel über die Wirkungen und die Anwendbarkeit von Meditationen erzählen. Denn Meditation und ihre Praxis sind ganz persönliche Dinge. Du kannst sie eher als eine Erfahrung für dich deklarieren, eine Erfahrung für dich, für dein eigenes ICH und für dein Leben.

Viele Menschen benutzen die Meditation als Entspannungstechnik: Ohne weiteres, Meditation entspannt.

Das ist der positive Nebeneffekt des meditieren. Doch die Entspannung während der Meditation ist nicht das Kernziel. Die Entspannung ist lediglich eine positive Beigabe der Meditation.

Denn du brauchst die Entspannung, um das Ziel der Meditation zu erreichen. Wenn es nun dein Ziel ist, mit Meditation entspannter und gelassener zu sein, dann kannst du auch diese hierfür sehr gut benutzen und praktizieren. Doch Meditation bietet für dich noch mehr und du kannst das Potenzial dahinter noch viel weiter entfalten.

Wenn du an Meditation denkst, hast du wahrscheinlich ein bestimmtes Bild vor Augen. Meist ist dieses Bild ein Mönch, der im Schneidersitz sitzt die Hände in eine bestimmte, meist gefaltete Handstellung gebracht hat, die Augen schließt und einfach nur da sitzt.

Doch bei der Meditation geht es nicht darum, einfach nur „nichts zu tun". Das Produkt von Leere und Stille ist ebenfalls, genau wie die Entspannung, nur ein Nebenprodukt der Praxis. Leere und Stille stellen sich bei der Praktik der Meditation zwangsläufig automatisch ein. Jedoch wird dich das Einfache hinsetzen und nichts tun nicht automatisch in den Genuss und der Praktik der Meditation bringen.

Meist ist es gegenteilig, je weniger du im Äußeren tust, sprich je weniger Bewegungen und Abläufe vorgehen, desto mehr passiert in deinem Inneren. Gedanken brechen hervor und gehen in deinem Kopf umher. Dein Äußeres mag in diesem Moment sehr ruhig und fokussiert wirken, doch mit deinem Inneren ist dieser Zustand inkongruent.

Während der Meditation soll es für dich darum gehen, dass du Lärm und Unbeständigkeit annimmst ohne deinen Geist und deinen Körper daran zu haften und mit Konzentration und Achtsamkeit in die bewusste Auseinandersetzung gehst.

Für manche Menschen, gerade wenn sie Anfänger sind, bedeutet meditieren sogar große Anstrengungen. Du wirst deine gesamte Energie und jegliche Anstrengungen auf dein fokussiertes Ziel richten, dich sanft dorthin lenken und bei diesem Ziel bleiben.

Fälschlicherweise wird auch oft angenommen, dass der Praktizierende in der Meditation seinen Geist nur ruhigstellt und sich zwingt, die Gedanken in Zaum zu halten. Doch das ist der falsche Ansatz. Gerade Anfänger versuchen ihre

Gedanken zu blockieren oder sie zu vertreiben. Doch das funktioniert nicht.

Um dies zu verdeutlichen, lass uns ein kleines Experiment machen:

Versuche jetzt, in diesem Augenblick ganz unbedingt nicht an einen blauen Elefanten zu denken. Umso mehr du versuchst, nicht an einen blauen Elefanten zu denken, umso mehr denkst du erst recht daran.

Genauso ist es auch mit dem Versuch, bestimmte Gedanken zu vermeiden oder sie zu vertreiben. Denn jeder Gedanke den du vermeidest, ist ja wieder ein eigener und gedachter Gedanke. Deswegen bedeutet Meditation die Gedanken nicht zu unterdrücken. Meditation ist eher ein Weg um in die Stille zu gelangen, in die, die schon längst da war. Sie liegt nur meist begraben unter vielen anderen Gedanken die jeden Tag von deinem Gehirn gedacht werden.

Ich habe auch schon mal erlebt, dass jemand mit dem Wunsch zu mir gekommen ist, Meditation als eine Art Droge zu verwenden um einen berauschenden Zustand von Glück und Freude zu erreichen.

Aber Meditation ist keine Droge.

Drogen berauschen dich. Doch Meditation hat keine halluzinogene Wirkung. Wenn du Drogen konsumierst, dann rauben sie dir eher dein Bewusstsein. Drogen machen dein Bewusstsein nicht wirklich wacher und klarer, sondern sie Nebeln deine Sinne und machen deinen Geist schläfrig.

Im Gegenteil macht dich die Praxis der Meditation bewusster, klarer und fokussierter. Natürlich kann es passieren, dass du dich in der Praxis deiner Meditation sehr wohlfühlst und auch ein Gefühl von Zufriedenheit und Glück sich in dir ausbreitet. Das ist jedoch kein Ausdruck eines berauschenden Zustandes, sondern eher der Grund, dass du dein natürliches Ich und deinen natürlichen Seins-Zustand erreicht hast.

Meditation wird oft von religiösen oder esoterischen Menschen verwendet damit sie einen Kontakt zu Gott bekommen oder ein ähnliches Ziel erreichen können, aber Meditation ist nicht an eine Religion oder an eine spirituelle Richtung gebunden. Meditation kann jeder außerhalb irgendwelcher Glaubensrichtungen oder esoterischen Prägungen praktizieren. Religiöse oder spirituelle Ziele können dir helfen aber können dich auch hindern.

Wie schon oben eingehend beschrieben, haben die meisten Menschen, wenn sie an Meditation denken, jemanden im Blick, der mit verknoteten Beinen auf dem Boden sitzt und verschiedene Atemtechniken übt. Meditation ist aber nicht gebunden an eine bestimmte Beinhaltung und kann somit auch in ganz verschiedenen Positionen oder Settings durchgeführt werden.

Ich habe schon oft erlebt, dass Meditation als Wunder und Fügung von übermenschlichen Kräften angepriesen wird. Doch Meditation ist kein Allheilmittel gegen Krankheiten und sie kann auch keine Wunder vollbringen. Du kannst mit deiner Meditationspraxis nur die Eigenschaften und Positionen in dir herauskristallisieren, die auch schon in dir wohnen und die in dir beheimatet sind. Du kannst neues an dir entdecken was dir bis jetzt vielleicht noch verborgen schien, du kannst aber auch Wege und Fügung ändern, die dir vielleicht im ersten Augenblick unbehaglich und gar nicht als eine Bereicherung deines Lebens vorkommen. Auch das kann in der Meditation passieren.

Um das noch deutlicher zu machen folgt hier ein kleines Beispiel:

Stell dir einen Raum vor den du mit Dingen aus deinem Leben und Dingen aus deiner Persönlichkeit einrichtest. Einen Raum, der dein jetziges Leben darstellt.

Und in diesem einen Raum gibt es keine Tür. Aber es gibt ein Fenster. Und dieses Fenster ist im Laufe deines Lebens sehr schmutzig geworden. Es liegt ein grauer, fast schwarzer und sehr dunkler Schleier auf deinem Fenster, sodass du nicht herausschauen kannst.

Die Meditation ist nun für dich der Weg dieses Fenster zu putzen und dir dem Blick nach draußen zu ermöglichen. Denn draußen liegen auch noch die Dinge die jetzt schon in dir sind. Alles was außerhalb des Fensters liegt war auch schon immer da. Jetzt, durch die Meditation, hast du das Fenster geputzt und du kannst diese wunderbaren Geschenke und Horizonterweiterungen erkennen.

Doch was ist Meditation denn nun? Ich denke unter Mediation verstehen wir im heutigen Zeitalter eine Technik mit der wir uns in einen gezielten Zustand versetzen können und damit unser eigenes Sein erreichen und zum Ausdruck bringen können.

Der kleine aber feine Unterschied lässt sich auch im täglichen Sprachgebrauch herausfiltern. Wir reden von meditieren. Dann verwendest du für dich die Meditation als eine Technik. Du kannst aber auch einfach in der Meditation sein. Dann bist du in einem bestimmten Bewusstseinszustand, nämlich in dem Zustand der Meditation. Im sprachlichen hört sich beides sehr ähnlich an und man vermag auch beides als eines zu gebrauchen. Aber dem ist nicht so.

Mit der Anwendung der Technik der Meditation verfolgst du für dich das Ziel, deine Aufmerksamkeit aktiv auf etwas zu lenken. In der traditionellen Meditation möchten die Menschen damit natürlich die Erleuchtung bekommen. Die Ausgangslage ist aber immer und bleibt auch immer die bewusste Kontrolle deiner Aufmerksamkeit. Somit ist also diese „Erleuchtung", nach der viele Menschen streben, einfach nur die Fähigkeit, die Aufmerksamkeit gezielt zu richten und immer in bändigender Kontrolle zu haben.

Ein kleines Beispiel, wie deine Aufmerksamkeit im unkontrollierten Zustand funktioniert:

Wenn du im Alltag bist lässt sich deine Aufmerksamkeit wie ein kleiner Flummi darstellen. Der Flummi hüpft in Sekundenschnelle von der einen Sache zu einer anderen. Mal ist er im Schaufenster eines Cafés dann springt er gleich wieder zu der Taube die dort am Straßenrand hockt. Dann ist er in dem Blumengeschäft und bewundert die schöne Auslage, dann springt er um, ist in deinen Gedanken und plant mit dir deinen Arbeitstag. Immer wieder gibt es eine fortdauernde Bewegung und deine Aufmerksamkeit ist nur am Springen. Das alles geschieht in einer unglaublichen Geschwindigkeit.

Das ist aber jedoch auch der Grund dafür, dass dir dein Leben oft nur so scheint, als würde es an dir vorbeiziehen und du würdest kaum Zeit für dich und dein Leben haben. Es ist dir unbewusst.

Und durch Meditation und die gelenkte, zielgerichtete Aufmerksamkeit kannst du dir dein Leben und deine Umgebung bewusster machen. Entscheide dich dafür, dass du dich nicht weiter von deinem Leben und deiner Aufmerksamkeit einfach nur beschäftigen lässt.

Entscheide dich ganz bewusst für die Dinge die dir guttun und richte darauf deine Aufmerksamkeit. Denn, ist deine Aufmerksamkeit nur bei Sorgen und Nöten, dann geht es dir automatisch schlecht und deine Gedanken drehen sich nur darum.

Aber bist du mit deiner Aufmerksamkeit bei Freude oder Leidenschaft, dann geht es dir auch gut. Deine Aufmerksamkeit funktioniert wie ein Fernglas durch welches du die Welt betrachtest.

Hier bildest du dir deine Meinung und hier bestimmst du auch die Welt, die um dich herum geschieht.

Kontrolliere deine Aufmerksamkeit und du wirst die Wirklichkeit erblicken und nicht auf die Fassaden des Lebens hereinfallen. Das ist der Zustand von Meditation. Du bist gleichzeitig völlig entspannt, aber auch hellwach und kannst alles sehen. Der Flummi hüpft nicht mehr rastlos und ziellos hin und her, sondern fokussiert sich an einem Ort, nämlich da, wo du ihn bestimmt hinrichten möchtest. In diesem Augenblick bekommst du für dich die

Möglichkeit, dass du dein eigenes Selbst entwickelst und dich ohne Ablenkungen dir Selbst widmest.

Oft wird in der Praxis der Meditation mit der Atmung als Fokussierungsobjekt begonnen. Deine Atmung stellt sozusagen eine Brücke dar. Denn du kannst deine Atmung bewusst mit deinem Verstand steuern, du kannst deine Atmung aber auch deinem Selbst überlassen und sie einfach nur fließen lassen.

Du kannst Mediation als einen Zustand deiner Atmung ansehen. Mit dem Zustand der Meditation verlässt du deinen Körper und deinen Geist. Du verlässt somit auch Raum und Zeit.

Jetzt steht dir die Tür offen, dass du entdeckst, was dahinter verborgen lag. Es gibt viele Worte, mit denen man diesen Zustand benennen kann. Für manche ist es das wahre Selbst, für andere ist es Gott,

dann gibt es wieder Menschen die nennen
es das Nirwana oder die Glückseligkeit.

Kapitel 3: Meditation: Auf Den Punkt Gebracht

Das Wort "Meditation" stammt vom lateinischen "meditatio" ab, was so viel wie "nachdenken" bedeutet. Die Meditation gilt als spirituelle Praxis, wird weltweit ausgeübt und wird derzeit auch hier bei uns immer beliebter. Grund genug, einen genaueren Blick darauf zu werfen. Woher stammt das Prinzip der Meditation? Um was genau geht es dabei? Und wie wirkt sich die Technik aus? Das alles und mehr erfährst du in diesem Kapitel.

Ursprung und Entwicklung

Heute wird davon ausgegangen, dass die Meditation erstmals im fernöstlichen Raum, vermutlich in Indien, eingesetzt wurde. Im Hinduismus, Buddhismus, Daoismus und Jainismus spielte und spielt sie eine große Rolle, wobei sie in ihrer Bedeutung beinahe mit Gebeten, wie sie z.B. im Christentum üblich sind, verglichen werden kann. Auch Anhänger christlicher Glaubensgemeinschaften haben die Meditation, ergänzend zu Gebeten und Lesungen, angewandt, um den Verstand zur Ruhe zu bringen und mit dem Göttlichen in Kontakt zu treten. Über Jahrhunderte entwickelten sich verschiedene Methoden und Techniken, die sich in ihrer Ausführung unterscheiden, aber grundlegend die selben Ziele verfolgen.

Zweck der Meditation

Im Kern wird beim Meditieren stets versucht, eine Veränderung des Bewusstseinszustandes zu erreichen und in der Folge zu klaren Gedanken und tiefer Entspannung zu finden. So kann die Meditation dabei helfen, die Gedanken aus den Klauen des Alltages zu befreien und Bewertungen, Ängste und Erinnerungen außen vor zu lassen, sodass das momentane Erleben, das Hier und

Jetzt, im Vordergrund steht. Erst durch die Meditation können der derzeitige Zustand, das Befinden und die eigene Existenz bewusst wahrgenommen und unabhängig von störenden, abändernden oder überdeckenden Eindrücken gespürt werden. Mittels Meditation kann die Achtsamkeit in Bezug auf die eigene Person, die eigenen Gefühle und Gedanken gestärkt werden. Man lernt, sich auf das Wesentliche zu besinnen, weltliche Altlasten loszulassen, physische oder psychische Spannungen abzubauen und zu erkennen, was wirklich zählt.

Effekte

Wie bereits erwähnt, wirkt sich die Meditation auf das Bewusstsein und auf den direkten körperlichen Zustand aus. Hier können verschiedene Stufen der Entspannung unterschieden werden, indem man die Gehirnwellen genauer betrachtet. Egal, ob im Schlaf oder beim starken Nachdenken: Was das Gehirn betrifft, können mittels EEG ständig elektrische Wellen beobachtet werden, die in direkten Zusammenhang mit dem Grad der Entspannung gebracht werden können. Die sogenannten Alpha-Wellen treten ganz zu Beginn der Meditation, während der Meditierende versucht, zur Ruhe zu kommen und sein Bewusstsein nach innen zu kehren, auf. Sie senken die Produktion von Stresshormonen, fördern die Entspannung der Muskeln, wirken sich positiv auf Herzschlag und Blutdruck aus und beruhigen das vegetative Nervensystem. Eine weitere Wellenart ist die Beta-Welle. Diese wird vor allem dann aufgezeichnet, wenn das Gehirn aktiv und zielstrebig arbeitet, wie es zum Beispiel der Fall ist, wenn du versuchst, ein bestimmtes Problem zu lösen. Die Beta-Wellen helfen dir dabei, dich zu konzentrieren und logisch zu denken. Ganz anders sieht es bei den Theta-Wellen auf, die immer dann auftreten, wenn eine Tätigkeit ganz automatisch abläuft. Dies kann beispielsweise das Fahren der immer gleichen Strecke zum Arbeitsplatz oder das Ausüben einer alltäglichen Aufgabe im Haushalt sein, die du erfüllst, ohne dabei darüber nachdenken zu müssen, wie genau du das tust. Die Theta-Wellen, die durch Meditation hauptsächlich angeregt werden, fördern den Stressabbau, dämpfen Angst und führen so zu einer tieferen Entspannung, die unter anderem deine Kreativität anregt. Durch Meditation kann zudem ein Anstieg der Delta-Wellen erreicht werden, die normalerweise nur selten und eingeschränkt auftreten und hauptsächlich für eine positive Grundstimmung und den Abbau depressiver Gefühle bekannt sind. Schlussendlich wirkt sich die Meditation sogar auf die langsamste Wellenart, die Gamma-Wellen, aus, die normalerweise im Tiefschlaf auftreten. Gamma-Wellen wirken heilungsfördernd, stimulieren die Ausschüttung bestimmter Wachstumshormone, die verjüngend auf

Körper und Geist wirken und erhöhen die soziale Kompetenz. Mittels Meditation können eben diese Zustände, in Verbindung mit den dazugehörigen Wellen, ganz bewusst und gezielt hervorgerufen und so optimal genutzt werden. Zu beachten ist hierbei allerdings, dass jede der Wellen auch im Überschuss auftreten und sich dann negativ auswirken kann. Im Endeffekt geht es also darum, die richtige Balance zu finden.

Warum ist Meditation wichtig?

Von Kritikern wird die Meditation häufig belächelt. Sie betrachten sie als zeitintensiven Firlefanz und übersehen dabei, wie positiv sie sich auf unser Leben, unsere Weltanschauung und unser Wohlbefinden auswirken kann. Meditation stärkt langfristig das Selbstbewusstsein und die Willenskraft, fördert Konzentration, Empathie und Achtsamkeit und hilft dir so, dein Inneres und deine Umwelt bewusst wahrzunehmen.

Meditation ist also sicher nicht für jeden Menschen auf dieser Erde wichtig, nein. Aber für diejenigen, die auf der Suche nach "mehr" sind, die Erkenntnis, Entwicklung und Zufriedenheit anstreben, ist die Meditation der Schlüssel zum Glück.

Kapitel 4: Was Meditation Alles Kann

Meditation ist gut für uns macht uns aber nicht zu einem besseren Menschen. In einer Studie zum Thema Meditation wurde an Probanden getestet, wie sich Meditation auf das Stresslevel auswirkt. Vor und nach der Meditation wurde bei den Probanden Blut abgenommen um das Stresshormon Cortisol zu messen. Und tatsächlich kam raus, dass die Probanden nach der Meditation viel gelassener auf stressige Situationen reagierten. Sie konnten anders damit umgehen.

Meditation kann Angststörungen und Depressionen lindern. Bei dem sogenannten Gedankenkarussell werden den Gedanken nicht mehr so viel Aufmerksamkeit geschenkt. Auch bei körperlichen Beschwerden kann Meditation wirksam sein. Es kann den

Schmerz um 27% mindern. Das ist mehr als bei einem Placebo Effekt. Im Gehirn verändert sich der Hippocampus. Bei täglicher Meditation von einer halben Stunde konnten Forscher auf einem Gehirnscanner beobachten wie sich die graue Masse im Hippocampus vermehrt. Dieser Teil des Gehirns ist wichtig für das Abspielen von Erinnerungen. Die Leistung vom Kurzzeit und Langzeitgedächtnis wird also verbessert.

Meditation hält sogar die Zellen jung. Das wurde mit 270 Frauen getestet. Die Frauen wurden in drei Gruppen aufgeteilt. Die erste Gruppe absolvierte einen Yoga und Meditationskurs über drei Monate. Die zweite Gruppe nahm an einer Sitzung teil, wo sich die Probanden über ihre Sorgen und Probleme austauschten. Die dritte Gruppe nahm an einem Stressbewältigungsseminar teil. Dann wurden Blutproben der Probanden entnommen und es wurde festgestellt, dass Gruppe eins hatte mehr Telomere bekommen. Das sind Strukturen die die Zellen vor Beschädigungen schützen.

Meditation kann also:

- Für Ruhe im Kopf sorgen
- Die Konzentration und Leistungsfähigkeit erhöhen
- Den Stressabbau unterstützen
- Schmerzen lindern
- Für mehr Gelassenheit sorgen
- Angst und Depressionen lindern

Was passiert während der Meditation im Gehirn?

Durch regelmäßige Meditation verändert sich das Gehirn. Bestimmte Hirnareale werden schon nach acht Wochen größer. Dies kann man gut in einem MRT feststellen. Man konnte schon in der Vergangenheit bei meditierenden beobachten, dass die Großhirnrinde, die für die Konzentration und bestimmter Gefühle verantwortlich ist dicker war. Das bedeutet das meditierende sich viel besser auf Dinge konzentrieren können und anders mit Gefühlen wie Ängste und Wut umgehen können. Um das zu erreichen braucht es nur eine tägliche Routine von 30 Minuten. Auf den MRT Bildern konnte man gut sehen, dass sich die grauen Zellen im Hippocampus verdichteten. Der Hippocampus ist für das Bewusstsein und Mitgefühl verantwortlich. Man kann im Hirn Scan sogar erkennen wie sich das Stresslevel reduziert. Die Zelldichte der Amygdala nahm ab. Unser Gehirn ist also somit beeinflussbar und wir haben es selbst in der Hand, wie es uns geht und was wir fühlen!

Warum die meisten erfolgreichen Menschen meditieren

Meditation steht hoch im Kurs. Angestellte, Führungskräfte und Unternehmer schwören drauf. Die entstehende positive Wirkung bleibt nicht aus und viele Betriebe bieten mittlerweile die „Pausenmeditation" an. Die Angestellten sind hinterher viel Leistungsfähiger und konzentrierter. Es ist bekannt das viele erfolgreiche Menschen meditieren. Dazu gehören Schauspieler und Künstler wie: Jennifer Anniston, Bill Ford, Paul McCartney, Tom Hanks, Rupert Murdoch und viele mehr. Sie wissen, wie wichtig es ist den Geist aufrechtzuerhalten, denn nur so kommen die Erfolge. Steve Jobs meditiert schon seit längerer Zeit. Er sagt es hat ihn freier gemacht und er lasse sich weniger Ablenken als zuvor. Er arbeitet fokussierter und lässt sich nicht von seinen Gefühlen und Gedanken bestimmen. Mit 19 Jahren lernte er die Zen Meditation in

Indien kennen. Dort lernte er den Geist zu beruhigen und sich nicht ablenken zu lassen. Für ihn war das eine wertvolle Erfahrung die er bis heute nutzt. Auch Stars wie Angelina Jolie, Jerry Seinfeld und Tim Cook haben begriffen das regelmäßiges Meditationstraining ihrem Geiste zugutekommt. Grade die bei den Schauspielern und Künstlern ist es wichtig, dass sie sich nicht unter Druck und Dauerstress setzen lassen. Sie brauchen immer einen klaren Kopf. Sie haben es alle zur Gewohnheit gemacht!

Wissenschaftliche Studien zur Meditation

Es gibt heute unzählige Studien zum Thema Meditation und seine Wirksamkeit. Viele Bereiche wurden durchforscht mit Probanden. Es wurde gezeigt wie sich das Gehirn verändert und wie hilfreich es bei körperlichen und psychischen Erkrankungen ist.

Wirkung auf den Körper: 2013 untersuchte eine Studie die Gesundmachung der Meditation. Für sechs Wochen mussten die Probanden die "Liebende Güte Meditation" durchführen. Hierfür sitzt man sich täglich für 15 Minuten in den Schneidersitz und spricht sich selber Wörter der Güte zu. Bei abschweifenden Gedanken fokussiert man sich einfach wieder auf seine Wörter. Jede Woche werden die Gedanken erweitert, indem man dann geliebte Menschen gedanklich mit einbezieht. Am Ende der Studie empfanden die Probanden mehr Liebe, Freude und Dankbarkeit. Sie bekamen eine bessere Bindung zu sich selbst und dadurch konnten sie wiederum ihre Beziehung positiver wahrnehmen. Es Endstand eine Spirale des Wohlbefindens.

Veränderung der Körpertemperatur: Eine Studie in Singapur fand raus das Meditation die Körpertemperatur ändern kann. Nonnen die in Tibet leben praktizieren die sogenannte „G-Tummo-

Meditation". Diese Meditation ist nicht für Anfänger gedacht. Die Nonnen zählen und konzentrieren sich auf den Atem. Sie können ihre Köpertemperatur auf 38,5°C bringen obwohl sie dabei kalte Tücher von Minus 25°C um den Körper gewickelt haben. In Tibet ist das die heiligste spirituelle Praxis. Diese Meditationsart kontrolliert die innere Energie. Der Temperaturanstieg wurde mithilfe von einem EEG beobachtet. Anschließend wurde dasselbe getestet mit westlichen Meditierenden. Auch da stieg die Körpertemperatur an, aber nicht so stark wie bei den Nonnen.

Verbesserte Effektivität von Nervenfasern: In nur vier Wochen kann eine Aufmerksamkeitsmeditation die Nervenfasern einer bestimmten Hirnregion verändern. Für diese Studie wurden Studierende in zwei Gruppen geteilt. Die eine Gruppe sollte Entspannungsübungen machen die andere eine Aufmerksamkeitsmediation. Nach vier Wochen zeigte sich bei der Gruppe mit der Aufmerksamkeitsmeditation eine geringe Durchlässigkeit der Zellwände was für eine bessere Isolierung sorgt.

Vorbeugung von Herzerkrankungen: In einer Studie die 5 Jahre ging wurden die Auswirkungen der Transzendentalen Meditation untersucht. Hierfür wurden 200 Menschen mit einer Herzkrankheit entweder einer Meditationsgruppe oder einer Gesundheitsbelehrung zugeteilt. Praktiziert wurde zweimal täglich 20 Minuten. Bei der Meditationsgruppe konnte festgestellt werden das eine Reduktion von 48% stattgefunden hat. Blutdruck, Stress und Erregung nahmen ab.

Kapitel 5: Diverse Arten Und Meditationstechniken

Es gibt verschiedene Meditationsarten und Techniken, die du anwenden kannst. Dabei führen alle Meditationen zum selben Ziel: Innerer Frieden. Durch die innere Ruhe kommen wir nicht nur zu mehr Lebensfreude, sondern auch mehr Kreativität und wir können unsere positiven Gedanken fördern. Dabei reicht schon eine tägliche Meditations-Routine von 10-15 Minuten. Stelle dir hierzu am besten einen Timer in deinem Smartphone.

Die nachfolgenden Meditationsarten sind insbesondere für Anfänger gut geeignet und bedürfen keiner vorherigen Anleitung durch einen Meditationslehrer.

1. Achtsamkeitsmeditation

Bei dieser Art von Meditation führen wir unseren Fokus auf das, was in unserem Geist vor sich geht. Wir können alle Gedanken, Gefühle und Körperempfindungen akzeptieren und gleichzeitig von ihnen loslassen. In der Achtsamkeitsmeditation geht es darum, sich allem zu stellen, was in unserem Geist in Form von Gefühlen, Gedanken und körperlichen Empfindungen (Kälte, Schmerz etc.) auftaucht – ohne jegliche Bewertung.

Zur Meditation: Wir sitzen in einer bequemen Sitzhaltung und schließen die Augen. Wir versuchen, uns nicht mit den aufkommenden Gedanken und Gefühlen zu identifizieren oder sie krampfhaft festzuhalten. Wir begeben uns in die Position vom Beobachter. Wir können sehen, dass alle Gedanken und Gefühle nur Momentaufnahmen sind. Du kannst dir dies wie Wolken am Himmel vorstellen, die stets vorbeiziehen und niemals anhalten.

2. Zazen Meditation

In dieser Meditationsart aus dem Zen-Buddhismus geht es darum, uns über alles bewusst zu werden, was um uns herum sowie in unserem Inneren geschieht.

Zur Meditation: Wir sitzen in einer aufrechten Sitzhaltung mit geschlossenen

Augen. Langsam beginnen wir damit, uns über alles bewusst zu werden, was außerhalb sowie in unserem Körper geschieht. Wir können auf diese Weise mehr Ruhe in Körper, Geist und Seele bringen. Dabei bleiben wir solange wie möglich in der eingenommenen Sitzhaltung und verändern sie nur dann, wenn die Schmerzen unerträglich werden.

3. Gehmediation

Bei dieser Meditationsart geht es darum, mit Bewegung zur Ruhe zu finden. Besonders beim Gehen passiert etwas Besonderes: beide Gehirnhälften arbeiten gleichzeitig, da sich die Beine in einem ruhigen, gleichmäßigen Rhythmus bewegen. Wir bringen in dieser Meditation die linke (logische) und die rechte (emotionale) Gehirnhälfte zusammen.

Zur Meditation: Wir befinden uns in einer Stehposition in einem Raum. Wir bewegen uns nun langsam durch den Raum und konzentrieren uns auf jeden einzelnen Schritt sowie alles, was in unserem Inneren vor sich geht. Wir können aufkommende Gedanken und Gefühle akzeptieren und weiterziehen lassen.

Je mehr du dich bewegst, umso mehr Gedanken löst dies aus. Genau dies versuchen wir mit der Gehmediation in Einklang zu bringen. Wenn es dir mit der Konzentration noch nicht so einfach fällt, kannst du auch ein Mantra beim Gehen nutzen.

4. Trataka-Meditation

Für die Trataka-Meditation nehmen wir uns ein physisches Objekt zur Hilfe, wie z.B. eine Kerze. Besonders dann, wenn es dir schwerfällt, deine Gedanken auf dein Inneres zu richten, kannst du zunächst die Trataka-Meditation mit Kerze praktizieren.

Zur Meditation: Stelle eine Kerze etwa einen Meter in Augenhöhe von dir entfernt. Schließe die Augen für einen Moment und führe deine Gedanken auf einen Punkt. Nun öffnest du die Augen und richtest sie – ohne zu blinzeln – auf die brennende Flamme der Kerze. Deine Augen können tränen oder feucht werden. Dies ist ein normaler Zustand und du kannst entspannt bleiben.

Schließe nach wenigen Minuten die Augen und fokussiere dich auf das, was du im Inneren sieht. Dann kannst du die Übung 2-3 Mal wiederholen.

5. Mantra-Meditation
(Transzendentale Meditation)

Es ist kein Wunder, dass sich so viele erfolgreiche Persönlichkeiten der Transzendentalen Meditation widmen. Denn das Meditieren mit einem Mantra kann helfen, uns auf das Wesentliche zu fokussieren und uns nicht von unseren

Gedanken ablenken zu lassen. Indem wir uns auf ein bestimmtes Wort oder einen Satz (sogenanntes „Mantra") konzentrieren, können wir unsere Gedanken und Gefühle zur Ruhe bringen.

Zur Meditation: Du befindest dich in einer bequemen Sitzposition und wählst ein Mantra deiner Wahl aus (z.B. „Om" oder „Ich bin frei"). Nun beginnst du damit, dieses Mantra zu wiederholen. Passe das Mantra an deine Atemzüge an und lasse dich von deinem Mantra durch die Meditation führen. Wann immer Gedanken auftauchen, kommst du zu deinem Mantra zurück.

Wie du deine perfekte Meditationstechnik findest

Damit du deine persönliche Meditationstechnik in deinen Alltag integrieren kannst, solltest du dafür sorgen, dass du dich mit dieser Technik langfristig wohlfühlst. Es kommt hierbei ganz auf deine persönlichen Bedürfnisse an. Damit du die beste Variante für dich findest, kannst du die Methoden am besten nacheinander ausprobieren. Dabei solltest du jedoch nicht einen Tag mit der einen Methode starten und am nächsten Tag mit der zweiten. Denn das Meditieren benötigt Zeit. Lass dir daher mehrere Tage Zeit – am besten eine Woche – um dich mit der Meditationstechnik anzufreunden.

Stellst du nach ein paar Tagen fest, dass du dich mit einer Meditationsweise nicht anfreunden kannst, kannst du sodann die nächste Meditation für dich ausprobieren. Dabei können die folgenden Faktoren einen Einfluss auf deine Auswahl nehmen:

- Meditation mit Objekt
- Meditation auf den Atem
- Meditation mit einem Mantra
- Meditation ohne Objekt

Jede Technik bringt ihre eigenen Vorteile mit sich und du wirst sehen, dass auch du deine passende Technik finden wirst, um deinen Geist zu beruhigen. Wichtig ist, dass du am Ende des Tages deinen Geist beruhigen konntest und deine täglichen Aufgaben gelassener angehen kannst.

Nebenwirkungen und Nachteile der Meditation

Nun spreche ich die ganze Zeit von Vorteilen, die das Meditieren mit sich bringt. Doch es gibt auch Nachteile, die eine Meditation mit sich bringen kann. Dabei kommt es jedoch – wie so oft im Leben – ganz auf den Anwender an. Denn eine Meditation an sich ist nichts Schlechtes. Neigst du jedoch dazu, es zu übertreiben und alles in deinem Leben nach der Meditation zu richten und nichts anderes mehr zu tun, kann dies ein süchtiges Verhalten darstellen.

Wie so manche Substanzen oder Tätigkeiten im Leben kann auch das Meditieren süchtig machen. Indem wir unseren Geist in einen friedlichen, entspannten Zustand bringen, können wir in einen Prozess der Sucht starten. Du kannst dir dies wie eine Droge vorstellen, die uns glücklich macht.

Als Anfänger der Meditation musst du dir allerdings keine Sorgen machen. Denn solch immens tiefergehende, glückliche und friedliche Zustände auf einer höheren Eben kommen in der Regel nur bei erfahrenen Yogis und langjährigen Meditierenden zum Vorschein.

Darüber hinaus kann es sein, dass der Bezug zur sogenannten „Realität" vergessen wird. Mit der Realität wird die Welt beschrieben, in die du hineingeboren wurdest und die du um dich herum siehst. Durch die tiefen Glückszustände, die es durch die Meditation immer stärker zu spüren gibt, wirst du eine neue Welt – und somit eine neue Realität – entdecken. Dies ist grundlegend nichts Negatives und sollte stets in einem gesunden Verhältnis gesehen werden.

Zusammenfassung von Kapitel 3

• Welche Meditationsart für dich die richtige ist, entscheidest allein du!

• Mit oder ohne Objekt – wie meditierst du am besten?

• Stelle dir zum Meditieren einen Timer auf deinem Smartphone.

• Finde eine bequeme Sitzhaltung, in der du es möglichst lange aushältst.

• Genieße die Glückszustände, die du in der Meditation spürst.

Kapitel 6: Die Techniken Der Meditation

Den Unterschied innerhalb der verschiedenen Techniken der Meditation bestimmen folgende Kriterien:

- Traditioneller Hintergrund
- Religiöser Hintergrund
- Unterschiedliche Richtungen der Religionen
- Unterschiedliche Schulen der Religionen
- Jeweiliger Lehrer innerhalb der Epoche

Je nach Lernfortschritt der Teilnehmer werden an den Meditationsschulen verschiedenartige Techniken angeboten. Es gibt die traditionellen und die fernöstlichen Methoden.

Diese Meditationstechniken sollen folgendes bewirken:

- einen anderen Bewusstseinszustand zu üben als er im Alltag stattfindet

- das Erleben im Hier und Jetzt ist vordergründlich

- Freiheit von gewohnten Denkweisen

- keine Bewertungen

- frei jeglicher Erinnerung (Vergangenheit) oder Pläne, Furcht (Zukunft)

- Achtsamkeit wird trainiert (hellwach und doch tiefenentspannt)

Innerhalb der Techniken können zwei weitere Kategorien eingeteilt werden:

1. passive Meditation (Kontemplativmethode)

2. aktive Meditation (laut rezitieren, Bewegung)

Diese Einteilung der aktiven und passiven Meditation bezieht sich auf die nach außen sichtbare Form der Meditation und übt Aufmerksamkeitstraining und Loslassen ein.

In unserem Sprachgebrauch verstehen wir unter "Meditation" meist nur die passive Variante. Hier werden Bilder oder Statuen von Buddha in Wohnungen aufgestellt und betrachtet.

Die passiven Möglichkeiten der Meditation im Christentum:

- Studium der Bibel, des Katechismus und anderer christlicher Schriften

- Gebete (Gebete sprechen oder Gebete denken)

- Betrachtung der Gegenstände (Meditation - z.B. Betrachtung der Monstranz)

- Gebet der Ruhe (Loslassen, meditieren)

Diese Wege haben beim Christentum das Ziel, den "Hier-und-Jetzt-Zustand" mit dem Zustand der Entspannung innerhalb der Meditation zur gleichen Zeit zu erfahren. Im Christentum wird das dann Verknüpfung von "vita activa" und "Vita contemplativa" bezeichnet.

Die bekanntesten passiven Möglichkeiten der Meditation im traditionellen Buddhismus:

1. Vipassana

2. Zazen

Bei diesen beiden Varianten sind folgende Übungen eingebaut:

- absolute Achtsamkeit

- aufrechte Haltung

- optimales Verhältnis zwischen Spannung und Entspannung

- den gegenwärtigen Augenblick wahrnehmen

- die körperlichen und geistigen Zustände wahrnehmen

- Einübung des nicht wertenden und absichtslosen Gewahrseins im Tagesbewusstsein

- Gefühle, Gedanken loslassen

Diese Übungen haben beim Buddhismus das Ziel, spirituelle Erfahrungen zu erleben. Idealerweise erlebt der Meditierende sogar eine völlige Lösung vom eigenen Selbst (Herz-Sutra).

Die Samatha-Meditaion (Geistesruhe-Meditation)

Diese Meditation beabsichtigt die Konzentration auf bestimmte Dinge:

- den Atem

- ein Chakra am Körper

- ein Bild in der Vorstellung

- ein Mantra in Gedanken

Durch den Fokus auf eines dieser Objekte wird die Gedankenwelt im Alltag gestoppt und Körper, Geist und Seele werden ruhig.

Die Samatha-Meditation ist oftmals der Beginn und Einstieg für die anderen oben genannten buddhistischen Meditationsformen.

Das Namensgebet

Eine weitere Variante einer Meditation, die besonders die innere Konzentration fördert ist das Namensgebet. Hier verwendet man göttliche Namen oder Formen als Mantra.

Rudolf Steiner und die Meditation (1861 – 1925)

Rudolf Steiner ist der Begründer der Anthroposophie. Er sieht Meditation als Technik, um das Denken zu vertiefen und somit die Konzentration zu steigern. Das Ziel der Anthroposophie ist es außerdem, neben dem Entrücken vom Diesseits auch die Spiritualität zu vertiefen.

Die TM (transzendentale Meditation)

Der Gründer, ein Inder Namens Maharishi Mahesh Yogi (er lebte 1918 – 2008) sieht diese Technik auch in Kombination mit allen anderen Religionen und Weltanschauungen als kombinierbar an. Diese Meditation (TM) gibt es seit 1950 weltweit. Sie nutzt folgende Mittel, um einen Entspannungszustand zu erreichen: Ein Mantra oder ein Wort wird immer wieder ohne jegliche Anstrengung benutzt. Diese Meditation soll folgende Zustände fördern:

- Tiefe innere Stille

- Erhöhte Wachsamkeit

Bei erfahrenen Meditierenden:

- Stabilisierung des Wachzustandes

- Stabilisierung des Traumzustandes

- Stabilisierung der Tiefschlafphasen (genannt: „der 4. Hauptbewusstseinszustand")

- Entwicklung höherer Bewusstseinszustände

- Einheit von Selbstwahrnehmung und Außenwahrnehmung („Einheitsbewusstsein")

Wie wird TM angewendet?

Ungefähr täglich 2 – 3 mal eine Viertelstunde in aufrechter, bequemer, sitzender Haltung die Augen schließen und meditieren. Kurse helfen, diese Variante zu erlernen.

Die bekanntesten aktiven Möglichkeiten der Meditation im traditionellen Buddhismus.

Durch eine Tätigkeit wird Achtsamkeit eingeübt:

1. Teezeremonie (auch „Teeweg" genannt)

2. Sadō (auch „Chadō" genannt)

3. Schreibkunst (auch „Shodō" genannt)

4. Gestalten von Blumenarrangements („Ikebana")

5. Flöten mit der Shakuhachi-Bambusflöte („Suizen")

6. Gestalten eines Gartens (Zengarten)

7. Bogenschießen (Budō)

8. Andere Tätigkeiten wie Waschen etc. (Samu)

Tantra aus dem Hinduismus und Buddhismus

Hier wird der Fluss der Kundalini (oder der Fluss de Qui) gelehrt. Es werden Götter visualisiert und Mantras rezitiert. Im Westen wurde das Tantra durch John Woodroffe bekannt. Es gibt beim Tantra verschiedene Level: Beim höheren Tantra-Level wird die Sexualität mit einbezogen.

Sexualität gilt hier als Quelle der Lebensenergie (genannt: Kundalini). Hier wird die Ekstase beim Sex verbunden mit Spiritualität, die durch ein bestimmtes Atmen und bestimmte Energieübungen freigesetzt wird.

Yoga als Körperübung

Beim Yoga geht es um Haltungen des Körpers und um Körperübungen, das richtige Atmen und Fastenkuren. Hier wird Askese integriert. Das „Raja Yoga" beinhaltet folgende Praktiken:

- Das Zurückziehen der Sinne (Pratyahara)

- Konzentration (Dharana)

- Meditation (Dhyana)

Kampfkunst als Meditation

Hierzu zählen die bekannten Kampfsportarten Karate, Judo, Kinomichi, Aikido).

Moderne Meditationsformen, die der „New-Age-Bewegung" zuzuordnen sind:

- Die Geh-Meditation

- Tanz

- Kreistänze

- Musik und Rezitieren

Kapitel 7: Schritte Zum Aufbau Einer Täglichen Meditationspraxis

Sie haben gehört, dass Meditation zu mehr Gesundheit und Wohlbefinden führt, aber irgendwie waren Sie nicht motiviert genug, um mit dieser täglichen Praxis zu beginnen. Befolgen Sie diese Schritte, um auf den richtigen Weg zu gelangen.

#1. Wissen Sie, warum Sie meditieren möchten

Damit Sie mit Ihrem Verstand in Kontakt treten können, sollten Sie zuerst Ihre Absichten bestimmen. Wollen Sie Stress abbauen? Fällt es Ihnen schwer, sich auf die anstehende Aufgabe zu konzentrieren? Es ist wichtig zu identifizieren, warum Sie meditieren möchten. Gleichzeitig ist es jedoch umso wichtiger, dass dieser Grund Ihre Meditationspraxis nicht dominiert.

#2. Verbinden Sie Meditation mit einer gewohnheitsmäßigen Tätigkeit

Aktivitäten wie Duschen, Zähneputzen oder die Heimfahrt von der Arbeit sind tief verwurzelte Gewohnheiten, die weder Anstrengung noch Voraussicht erfordern. Sie werden als instrumentelle Aufgaben bezeichnet. Durch die Verknüpfung Ihrer Meditation mit einer dieser Aufgaben wird der Aufwand zum Einleiten der Meditationssitzung erheblich reduziert.

#3. Fangen Sie klein an

Meditiere für kurze Zeit, in der du keinen Widerstand spürst. Zum Beispiel könnten Sie mit nur 10 Minuten beginnen. Es sollte leicht erreichbar sein und absolut keinen Rückstoß aus Ihrem Kopf hervorrufen. Es ist viel wichtiger, die Gewohnheit der Meditation zu etablieren, als die Meditationszeit zu verlängern. Sobald Ihre anfängliche zeitliche Verpflichtung zur

Gewohnheit wird, können Sie beginnen, Ihre Meditationspraxis zu verlängern.

#4. Experimentieren Sie mit geführten Meditationen

Neue Meditierende wissen oft nicht, was sie während einer Meditation tun sollen. Geführte Meditationen sind eine hervorragende Möglichkeit, sich in dieser Praxis zurechtzufinden. Geführte Meditationen führen Sie durch Atemtechniken, Entspannung und Visualisierung, Mantras oder auf Achtsamkeit basierende Übungen. Dies nimmt Ihnen alleRätselraten aus Ihrer Meditation und kann Ihnen helfen, Ihren Geist zu befreien und sich der Erfahrung hinzugeben.

#5. Nehmen Sie an einer Gruppenmeditation teil

Meditation ist eine individuelle Aktivität. Das bedeutet nicht, dass Gruppenmeditationen nicht vorteilhaft sein können. Das Meditieren mit anderen kann Ihr persönliches Engagement für die Praxis verstärken und Ihnen Zugang zu einem riesigen Wissensreservoir verschaffen. Gruppen können eine greifbare Energie erzeugen, die selbst den ungernsten Meditierenden inspirieren kann.

#6. Benutze eine App

Während Sie keine E-Mails und Texte lesen oder Anrufe entgegennehmen sollten, gibt es eine Vielzahl von Apps, die Ihre Meditation verbessern können. Mit diesen Apps können Sie die Dauer Ihrer Meditation sowie Umgebungsgeräusche, Endtöne und Intervallglocken auswählen. Mit einigen Apps, wie zum Beispiel Insight Timer, können Sie auch eine Verbindung zu anderen Apps herstellen, die gleichzeitig meditieren.

#7. Planen Sie Ihre Meditation

Wenn Meditation nicht auf Ihrem Zeitplan steht, ist es einfacher, andere Aktivitäten und Aufgaben vor diese wichtige Übung zu stellen. Manchmal kann es ein Anreiz sein, das Wort „Meditation" auf Ihrem Kalender zu sehen, um sich für diese tägliche Dosis Frieden zu melden.

In einer leistungsorientierten Kultur können sich Zeitpläne so weit ausfüllen, dass nur noch wenig Zeit für die wirklich wichtigen Aktivitäten und Aktivitäten übrig bleibt. Indem Sie Meditation einplanen, stellen Sie sicher, dass nichts Ihre Selbstverpflichtung beeinträchtigt. Wenn möglich, planen Sie die Meditation jeden Tag zur gleichen Zeit. Ihr Körper und Geist werden sich irgendwann entspannen, wenn diese Zeit näher rückt.

#8. Erstellen Sie einen Meditationsraum

Erstellen Sie eine kleine Ecke Ihres Zimmers, die ausschließlich zur Meditation dient. Platzieren Sie in dieser Ecke einen Meditationssitz Ihrer Wahl, z. B. Polster, Decken oder Requisiten, die Sie benötigen, um sich selbst zu stützen. Dann füllen Sie Ihren Raum mit Objekten, die Sie inspirieren, wie Fotos, sanftes Licht, Kerzen, Weihrauch, Diffusor, heilige Bücher oder alles andere, was zu Ihrer Seele spricht. Verwenden Sie diesen Raum nur zur Meditation. Es wird die Schwingungen der Ruhe absorbieren. Sobald Sie Ihren heiligen Raum betreten, wird die Entspannungsreaktion ausgelöst.

Kapitel 8: Aktive Und Passive Mediation

Meditationsarten unterteilt man heutzutage in die aktive und passive Meditation.

Die passive Meditation

Bei der passiven Meditation steht der mentale Aspekt im Fokus. Sehr oft wird bei der passiven Meditation eine angenehme Sitzposition eingenommen.

Der Meditierende kann sich so besser auf seinen Geist konzentrieren und einfacher in die Meditation hineinkommen. Einige Meditationsarten erlauben es auch, dass man sich komplett hingeht.

Wenn man noch nicht so geübt in der Meditation ist, empfiehlt sich jedoch eine Sitzhaltung, da man in der Liegehaltung unter Umständen einschlafen könnte. Die

Augen werden bei der passiven Meditation gewöhnlichermaßen geschlossen.

Die Stillmeditation

Eine bekannte Form der passiven Meditation ist die Stillmeditation. Man versucht bei dieser Meditationsart einen absoluten Zustand der Gedankenlosigkeit herbei zu führen.

Der Meditierende begibt sich hierbei in eine Sitzhaltung.

Der Schneidersitz wird bevorzugt. Durch die vermehrte Aufmerksamkeit fokussiert sich der Geist auf die Leere bzw. das Nichts und kann auf diese Weise besser entspannen. Die Stillmeditation ist vor Prüfungsphasen oder anderen stressigen Situationen sehr empfehlenswert.

Die Achtsamkeitsmeditation

Bei der Achtsamkeitsmeditation geht es nicht darum Gedanken zu ignorieren, sondern achtsam wahrzunehmen, was sich im eigenen Geist und Körper abspielt. Sehr oft beginnt man bei der Achtsamkeitsmeditation mit einem Body Scan. Der Körper wird dabei von den Füßen bis zum Kopf aufmerksam gescannt.

Dadurch das die Sinneswahrnehmung primär auf die Gefühle und Sinneswahrnehmung gelenkt wird, löst sich die Identifizierung mit den eigenen Gedanken allmählich auf.

Die Konzentrationsmeditation

Die Konzentrationsmeditation ist ebenfalls eine Form der passiven Meditation. Geeignet ist diese Form der Meditation besonders für Menschen, die sich im Alltag schwer damit tun sich zu konzentrieren.

Bei der Konzentrationsmeditation fokussiert sich der Meditierende auf einen Gegenstand. Der Gegenstand kann zum Beispiel eine Kerze oder ein Punkt auf der Wand sein. Der Gedankenfluss wird durch die Fokussierung gestoppt. Betroffene können sich bereits nach wenigen Sitzungen besser im Alltag konzentrieren und haben mehr Energie bei der Bewältigung von Aufgaben.

Die aktive Meditation

Die aktive Meditation unterscheidet sich grundsätzlich dadurch von der passiven Meditation, weil der Körper hier in Einsatz kommt. Wer im Alltag sehr viel sitzt, kann mehr Vorteile aus der aktiven Meditation ziehen. Dadurch das der Körper in Einsatz ist, können zum Beispiel negative Gedankenströme unterbrochen werden.

Die Gehmeditation

Die Gehmeditation ist einer der bekanntesten Formen der aktiven Meditation. Sehr viele Menschen praktizieren bereits eine Form der Gehmeditation, indem sie zum Beispiel Spazieren, um den alltäglichen Stress zu entfliehen.

Die Gehmeditation ist, jedoch eine intuitive Art und Weise seinen Körper in Einsatz zu bringen. Wer will kann die Gehmeditation in seinem eigenen Zimmer oder auch auf dem Weg zur Arbeit oder ins Restaurant durchführen.

Der Fokus bei dieser Meditation liegt alleinig bei den körperlichen Prozessen. 5 bis 10 Minuten Gehmeditation am Tag sind bereits ausreichend, um die gewünschten Ergebnisse zu erzielen.

Wer will kann die Gehmeditation auch mit mehreren Personen gleichzeitig durchführen oder sich einen Coach suchen.

Die dynamische Meditation

Eine weitere Form der aktiven Meditation ist die dynamische Meditation. Einer der Vorreiter dieser Meditation ist der Inder Chandra Mohan Jain.

Das Ziel dieser Meditation ist es tiefe Blockaden aufzulösen und so schlussendlich zu mehr innerer Erkenntnis und Weisheit zu gelangen.

Von Therapeuten wird diese Form der Meditation in der Therapie auch sehr häufig eingesetzt, um schwere psychische Krankheiten des Patienten besser zu heilen.

Die dynamische Meditation wird in der Regel in 5 Phasen unterteilt, die gleich lang sind. Der Meditierende sollte sich für diese aktive Meditation mindestens 1 Stunde Zeit nehmen. Die erste Phase beschränkt sich auf das Atmen. Das Atmen darf dabei ruhig chaotisch und durcheinander sein. Der Körper wird in der zweiten Phase der Meditation integriert.

Die Emotionen soll der Meditierende mit seinem Körper zum Ausdruck bringen. Dabei darf er auch ruhig seine Hemmungen fallen lassen.

Es darf also getanzt, gelacht und auch getobt werden. In der dritten Phase kommt dann ein Mantra zum Einsatz. Das Mantra für diese Meditation kann man sich frei auswählen. In der vierten Phase kann man sich zum Meditieren entweder hinlegen oder hinsetzen.

Wenn Sie wollen können Sie in dieser Phase eine passive Meditation wählen und sich beispielsweise nur auf Ihren Atem konzentrieren.

In der vierten und letzten Phase wird der Körper wieder integriert, indem ein Tanz folgt. Der ununterbrochene Tanz soll den eigenen Gedankenfluss stoppen.

Yoga

Yoga wird in der westlichen Zivilisation oft als Sportart wahrgenommen. Dabei steckt hinter Yoga eine tiefgründige Philosophie, und zwar den Körper mit dem Geist zu vereinigen.

Viele Fitnessstudios bieten heutzutage kostenlose Yoga-Kurse an auch, wenn diese mehr auf das eigene Fitnessziel ausgesetzt sind.

Auf sozialen Medien, wie zum Beispiel YouTube kann man unzählige Yogavideos mit verschiedenen Ausrichtungen finden.

Mit 20 Minuten Yoga am Tag schafft man nicht nur seinen Körper wieder in Schwung zu bringen. Der Geist wird durch die Yoga-Session ebenfalls positiv beeinflusst.

Kapitel 9: Welche Vorteile Bringt Dir Die Meditation?

Wie kannst du von der Meditation profitieren und wie kann sich dein Leben verändern?

Bereits am Anfang des E-Books wurden die immensen Vorteile des Meditierens aufgeführt und tatsächlich wurde dieses auch wissenschaftlich bewiesen. Gegenwärtig gibt es mehr als 1.000 Studien, die bestätigen, wie gesund das Meditieren für Körper, Geist und Seele ist. Wenn du selbst meditierst und das schon seit langer Zeit, dann weißt du selbst, welchen Effekt das auf dein Leben haben kann. Bestimmt hattest du Momente, wo es dir mal so wirklich schlecht ging und nach der Meditation sah die Welt schon wieder anders aus.

Die heilsame Kraft der Meditation beruht auf dem tiefen In-Sich-Gehen, wobei der meditierende eine tiefe Verbindung mit sich aufbaut. So kann reflektiert werden und erkannt, welche Gedanken für die negativen Gefühle sorgen, woher sie kommen und beim Meditieren werden sie einfach in die Leere verschwinden. Der Meditierende bereichert sich mit positiven Gefühlen, die sich dann tatsächlich auf das Gesamtbefinden der Person auswirken.

Vielleicht bist du überfordert mit der Hektik des Alltagslebens und kommst mit dem Stress nicht gut klar. Du fühlst dich erschöpft, dein Blutdruck steigt, du weißt nicht mehr, was du zuerst machen sollst. Du hast das Gefühl, dass die Zeit am Tag einfach nicht ausreicht und wünschst dir, der Tag hätte 48 Stunden. Du erstellst Todo Listen und schaffst auch diese nicht, abzuarbeiten. Dieser Stress verursacht nicht nur Müdigkeit, die immer wieder für schlechte Laune und wenig Lebenslust sorgt, sondern bewirkt auch Frustrationen und Depressionen. Das kann sich enorm auf deine Gesundheit auswirken und es kann Ursache für weitere, Krankheiten sein. Zum Beispiel Bluthochdruck, Depression, Burnout, um nur einige zu nennen.

Meditation gibt dir Zeit, um den Geist ruhiger und konzentrierter zu machen. Dabei soll das Ziel der Meditation einfach die Meditation selbst sein, ohne irgendwelche Erwartungen. All die beschriebenen Zustände, Erleuchtung, „innere Leere" und irgendetwas anderes sollten auf keinen Fall zu einer Erwartungshaltung führen.

Vor allem als Anfänger setzt du dir am besten ein realistisches Ziel ohne hohe Erwartungen Das kann zum Beispiel der Plan sein, täglich fünf Minuten zu meditieren. Fünf Minuten ist gut zu schaffen, wenn du dein Handy bei Seite legst und bei Facebook die Nachrichten nicht sofort beantwortest.

Eine einfache zehn- oder fünfzehnminütige Atemmeditation, kann bereits helfen, Stress zu reduzieren und innere Ruhe und Ausgeglichenheit wiederzufinden sowie die Lebensqualität so zu verbessern, dass es sich förderlich auf dein ganzes Leben auswirkt. Meditation kann dir dabei helfen, deinen eigenen Geist zu verstehen und negative Gedanken zu beseitigen und mit positiven Gedanken zu ersetzen – das ist beispielsweise das ultimative Ziel der transformierenden Meditationen in der buddhistischen Tradition.

Diese Vorteile gewinnst du, wenn du es schaffst, regelmäßig zu meditieren:

• Muskelverspannungen lösen sich und der Körper lockert sich auf

• Deine Gesamtstimmung verbessert sich. Auf Situationen, die in der Vergangenheit für Stress gesorgt haben, reagierst du entspannter.

- Deine Aufmerksamkeit und Konzentrationsfähigkeit verbessern sich deutlich.

- Psychische Spannungen, Ängste und Schuldgefühle werden weniger

- Das Selbstvertrauen und Selbstwertgefühl wachsen und du erfährst selbsterzeugte Bewusstseinsveränderungen. Dadurch verbessert sich auch der Kontakt zu deinen Freunden und Bekannten und du erlebst eine tiefere Ebene der Beziehungen in der Familie, Ehe, Partnerschaft oder Freundeskreis. Du entwickelst ein tieferes Verständnis und mehr Mitgefühl anderen Wesen gegenüber.

- Du wirst kreativer und hast bald mehr Energie. Du wirst auch produktiver, was sich im Studium oder Beruf positiv bemerkbar macht.

- Bei Krebserkrankungen kann Meditation zur Verbesserung nicht nur des psychischen Befindens, sondern auch des körperlichen Befindens führen

• Stressbedingte Anomalien wie Schlaflosigkeit, Stottern und Bluthochdruck können reguliert werden oder gar verschwinden

• Psychische Krankheitsverarbeitung wird durch regelmäßiges Meditieren aktiv unterstützt

• Du wirst nicht nur selbstbewusster und gelassener, sondern du kannst psychische Belastungen wie Stress viel leichter verarbeiten. Dein Denken wird klar und du räumst quasi mit deinen Gedanken auf. In einem entwickelten Meditationsstatus kannst du sogar deine eigenen Gedanken beobachten und bewusst steuern

• Beim Meditieren lernst du dich besser kennen und es kann eine der lebensverändernden Reisen nach Innen werden, die Du je erlebt hast! Das wird dazu führen, dass du dich akzeptierst und zu lieben anfängst. Wenn das passiert, dann wirst du echte Liebe von deiner Außenwelt erfahren können

- Schlafstörungen und Migräne können sich bessern

- Die meditative Tiefenentspannung führt zu einem Absinken des Cortisolspiegels und des Blutdrucks

- Es können neue Nervenzellen und neue Verknüpfungen zwischen Nervenzellen entstehen was mehr Flexibilität und Gehirnaktivität für gesunde Meditierende ermöglicht. Für Menschen, die an Angsterkrankungen leiden, kann das sogar lebensverändernd sein. Geübten Meditierenden kann sogar ein einziges Wort, ein Mantra, genügen, um die alten Muster aufzulösen.

Das sind nur einige Vorteile, die durch Meditation bewirkt werden.

Aber Vorsicht:

Meditation ist kein Allheilmittel. Es gibt zwar, wie schon erwähnt, viele Studien, die die Wirkungen der Meditation bestätigen, aber die Grenzen der Meditation sollten nicht außer Acht gelassen werden. Denn die Gesetze des Lebens können durch nichts verändert werden. Als Mensch werden wir Problemen und Auseinandersetzungen im täglichen Leben begegnen, das ist Fakt. Das kann man durch Meditation nicht verändern. Was man mit Hilfe von Meditation verändern kann, ist die eigene Einstellung zu den Geschehnissen um einen herum. Wer also im Rahmen seines normalen Lebens täglich meditiert, achtsam ist, auf seine Gedanken achtet und bewusst und freundlich in der eigenen Umgebung agiert, wird weniger über Probleme und Herausforderungen grübeln, und sich auf das Positive im Leben und in sich selbst konzentrieren.

Das verändert nachhaltig Leben der Meditierenden und aller Menschen, die mit ihnen in Berührung kommen.

Kapitel 10: Welche Meditations-Techniken Gibt Es?

Kurz gesagt: es gibt sehr viele verschiedene Wege zu meditieren. Doch es gibt einige bekannte, die vor allem für Anfänger sehr gut geeignet sind. In diesem Kapitel werden diese kurz erklärt. Welche Techniken du anschließend verwendest, ist dir überlassen. Es gibt keine Technik für alle und die Technik die du heute wählst, kann in einem anderen Lebensabschnitt wirksamer sein als im nächsten. Du probierst also selber aus, welche für dich zu diesem Zeitpunkt funktioniert.

Hier ein paar der bekanntesten:

1. ATEMMEDITATION

Bei dieser Technik geht es darum, dich von deinem Atem führen zu lassen. Er ist dein Anker, auf den du dich konzentrierst sobald deine Gedanken wieder woanders sind. Es entsteht also ein Wechselspiel zwischen Gedanken und Körper, wobei die Konzentrationsfähigkeit gefördert wird. Anfänglich wirst du versuchen wollen deinen Atem zu kontrollieren, doch mit ein wenig Übung wirst du den Atem einfach zulassen können. Schlussendlich wirst du dazu in der Lage sein, deinen Fokus auf eine bestimmte Sache zu legen. Diese Methode wird später noch ausführlicher erklärt.

2. Geführte Meditation

Eine geführte Meditation wird von Musik bzw. Stimme geführt und angeleitet. Man setzt sich gemütlich in einer aufrechten Position hin, Hände auf die Beine und folgt den Anleitungen der Stimme. Dabei wird der Atem langsamer, der Herzschlag verlangsamt und die Muskeln entspannen.

Diese Technik ist besonders für Personen gut, die eine fremdgesteuerte Meditation bevorzugen und eignet sich sehr für Anfänger, weil du nur den Anleitungen des Audiomaterials folgen müssen.

Gut ist es verschiedene geführte Meditationen auszuprobieren und herauszufinden, welche Stimme man lieber folgt oder welche Art geführte Meditation die richtige ist. Da geführte Meditation bedeutet, dass die Meditation lediglich von einer Stimme und/oder Musik geführt wird, kann die Meditation auch Atemmeditation, Bodyscan oder andere Techniken beinhalten.

3. Gehmeditation

Gehen und atmen. Eigentlich nicht so schwierig oder? Diese Technik ist besonders für jene Leute, die wenig Zeit haben und denen es anfänglich noch sehr schwer fällt ruhig sitzen zu bleiben. Sie lässt sich gut im täglichen Leben integrieren, da sie während des nach Hause oder zur Arbeit Gehens gemacht werden kann. Dabei gehst und atmest du in einer besonderen Art und Weise und sollst dabei mehr Raum für Ruhe und konstruktive Gedanken schaffen. Diese Methode wird später noch ausführlicher erklärt.

4. Bodyscan

Der Fokus wird auf verschiedene Körperteile gelegt. Es wird auf den Kontakt und den Druck auf den Boden fokussiert. Wenn man bereit ist, kann anschließend eingeatmet und ausgeatmet werden und beim Ausatmen auf einen gezielten Körperteil fokussiert werden. Dazwischen wird der Geist immer wieder woanders sein, aber keine Sorge, wie einen Muskel kannst du auch deinen Geist darauf trainieren, im hier und jetzt zu sein.

5. Vipassana Meditation

Diese Technik strebt eine Art Befreiung oder auch Erleuchtung durch das Beobachten von Dingen an. Meistens wird mit einer Atemmeditation begonnen und anschließend auf ein Objekt konzentriert. Falls der Fokus auf ein anderes Objekt gezogen wird, versehe es mit einer vagen Beschreibung wie „Stimme" bei Hunden oder „Schmerz" oder „Gefühl" bei Rückenschmerzen. Und kehre zurück zum Ausgangsobjekt. Dabei wird die Konzentrationsfähigkeit gestärkt. Diese Methode wird später noch ausführlicher erklärt.

6. Zen Meditation

Diese Art Meditation wird normalerweise am Boden im Schneidersitz durchgeführt. Der Rücken bleibt gerade und die Aufmerksamkeit liegt auf der Umwelt. Du lässt alles zu, was immer auch zu dir kommt: Geräusche, Berührungen, Gedanken, Emotionen. Du lässt alles kommen und bemerkst alles, aber lässt es anschließend wieder gehen.

Bei der Meditation ist es wichtig, dass du dich nicht zwingst irgendetwas spezielles zu tun oder zu denken. Wenn du deine Gedanken und deinen Prozess ständig urteilst und verurteilst, so lenkst du dich erst wieder ab und verschlechterst die Meditation. Daher ist es wichtig, dass du dich auf deine Gedanken und die Meditation einlässt und dich in eine bequeme Position begibst, sitzend auf der Couch, auf einem Sessel, am Boden oder auch gehend draußen, und eine Meditationstechnik auswählst, die dich anspricht.

Kapitel 11: Meditation - Temporäre Ruhe Und Dann Zurück In Den Alltag?

Beim Meditieren geht es darum im Hier und Jetzt zu leben. Wer ständig im jetzigen Moment lebt hat "Erleuchtung" erlangt, da er sein Leid minimiert hat.

Im Jetzt gibt es nur selten Probleme und Leid.

Das meiste Leid in unserer Welt entsteht, weil Menschen über ihre Vergangenheit und Zukunft nachdenken, die jedoch beide nur als Gedanke existieren.

Es ist nicht schlimm über die Zukunft nachzudenken, wenn man einen Plan zur Lösung eines Problems entwickeln will oder man ein bestimmtes Ziel erreichen möchte.

Doch die meiste Zeit in der wir Menschen über unsere Zukunft nachdenken konzentrieren wir uns auf Probleme, die in uns Ängste und Stress auslösen. Und das obwohl diese Probleme überhaupt nicht real sind, sie liegen in der Zukunft.

Welchen Sinn macht es sich vor etwas zu ängstigen, dass überhaupt nicht real ist, zum Beispiel: "Wie soll ich meine Miete im nächsten Monat bezahlen?", "Wie soll ich mein Unternehmen am Leben erhalten, wenn es zu einer Rezession kommt?" oder auch "Wird mich mein Partner verlassen?".

Diese Fragen rufen in den meisten Menschen Ängste hervor, die unbegründet sind. Warum? Weil sie sich mit Themen befassen, die in der Zukunft liegen. Welchen Sinn hat es sich mit etwas zu beschäftigen, das einen unglücklich macht und einfach zu vermeiden ist, indem man aufhört darüber nachzudenken wie schlimm es sein wird und sich stattdessen darauf fokussiert wie man das Problem lösen kann.

Tatsache ist, dass die aller meisten Menschen von negativen Gedanken und dem damit verbundenen Schmerz süchtig sind, sie können mit diesem Denken nicht aufhören.

Wurden Sie schon einmal beleidigt und haben sich deswegen über mehrere Tage hinweg schlecht gefühlt?

Der Grund dafür war, dass sie weiterhin darüber nachgedacht haben. Doch stellen Sie sich vor Sie hätten damals nicht weiter darüber nachgedacht und im Jetzt gelebt – die Beleidigung hätte keinen Schmerz mehr in Ihnen herrufen können.

Ich will Ihnen hiermit folgendes erklären: Suchen Sie nicht ständig Ihr Glück irgendwo anders. Sie können im Hier und Jetzt glücklich sein.

Wenn Sie im Hier und Jetzt nicht glücklich sind, dann wird der Grund mit großer Wahrscheinlichkeit darin zu finden sein, dass Sie Erlebnisse aus Ihrer Vergangenheit noch nicht losgelassen haben.

So kann es beispielsweise sein, dass Sie Wut, die Sie in Ihrer Jugend gegenüber einem anderen Menschen aufgebaut haben, nie losgelassen haben und bis heute unterdrücken.

Das ist auch der Grund warum sehr wohlhabende Menschen ihren Reichtum als Last wahrnehmen können, sie sind ständig besorgt, dass sie ihn in der Zukunft wieder verlieren.

Am Anfang hatte ich bereits über die körperlichen und geistigen Vorteile des Meditierens gesprochen.

Doch viele Menschen, die meditieren, meditieren für 10 bis 30 Minuten am Tag und kehren dann zurück in ihren Lebensalltag.

Und obwohl diese kurze Zeitspanne schon ausreicht um Verbesserung ein in seinem Leben zu bewirken, lege ich Ihnen nahe sich so oft wie möglich dem Jetzt hinzugeben – das können Sie jederzeit tun.

Wann immer Sie merken, dass Sie über etwas nachdenken, das Angst in Ihnen hervorruft fangen Sie an sich auf die Lösung des Problems zu konzentrieren oder wie in einer Meditation auf Ihre Atmung.

Dies erfordert viel Übung und führt zu einem größeren Bewusstsein und weniger Leid in Ihrem Leben.

Es ist eine sehr simple Übung, die nicht immer leicht durchzuführen ist, jedoch Ihr ganzes Leben verändern kann.

Bisher sprach ich immer von Gedanken, seien Sie sich aber darüber bewusst, dass unseren Gedanken Emotionen zu Grunde liegen.

Manche dieser Emotionen halten wir seit Jahrzehnten in uns ohne dass wir sie loslassen.

Eine großartige Übung ist es in seinen eigenen Körper zu fühlen und sich seiner unterdrückten Gefühle bewusst zu werden.

Schließen Sie einmal die Augen und fühlen sie einfach in Ihrem Körper nach Gefühlen. Dann halten Sie diese solange bis sie den Widerstand gegenüber diesen Emotionen aufgegeben haben und Sie endlich loslassen können.

Dies kann oftmals Tage oder sogar Wochen dauern.

Das Problem an dieser Stelle ist, dass wir nie gelernt haben mit unseren Emotionen richtig umzugehen. In der Folge haben wir viele Emotionen in uns aufgestaut und unterdrücken diese.

Wir können dies schnell daran erkennen, ob wir gerade eine Anspannung in unserem Körper wahrnehmen können.

Würden Sie alle Ihre unterdrückten Gefühle loslassen würden Sie sich leicht und unbeschwert fühlen.

Darüber hinaus würden Sie aufhören Ihre Liebe und Ihr Mitgefühl zu unterdrücken.

In der Folge würden Sie ein unglaubliches Maß an Liebe gegenüber sich selbst und anderen Menschen verspüren.

Hört sich das nicht gut genug an, um Sie zu motivieren ein bewussteres Leben zu führen?

Sie können in jedem Augenblick bewusst leben, auch ohne zu meditieren. Sehen Sie Meditation als Mittel zum Zweck, nicht als Zweck selbst. Selbst wenn Sie denken, können Sie ein gewisses Maß an Bewusstsein erhalten.

Kapitel 12: Den Gegenwärtigen Augenblick Genießen

Sie sollten sich von vorneherein klar werden, was genau Sie mithilfe der Meditation erreichen möchten und wozu diese überhaupt im Alltag zu gebrauchen ist. Viele meinen, es gehe bei der Meditation dabei, sich von anstrengenden Mitmenschen auszugrenzen, stressige Arbeitsbedingungen schön zu reden oder Verpflichtungen abzustellen und dabei ein asketisches Leben zu führen.

Bei der Meditation wird versucht Wege zu finden, um der Belastung standzuhalten und mit ihr in Einklang zu leben, denn so Ihre Arbeit wird nicht von heute auf morgen verschwinden. Erinnern Sie sich an die Zeit zurück, wo Sie das Gefühl hatten, mit schwirigen Aufgaben zurecht zu kommen, den Belastungen Herr zu sein und alles entspannt aufnahmen.

Die meisten Menschen haben solche Erlebnisse im Urlaub, einem Kurztrip, einem Spaziergang, beim Wandern oder nach positiven Erlebnissen in zwischenmenschlichen Beziehungen. Dafür gibt es einige Gründe. Wir entkommen dem Trott des Alltags und erhalten so einen völlig neuen Perspektivenwechsel, was unter anderem dazu führt, dass wir unsere eigene Person vielmehr reflektieren als sonst.

Dadurch, dass wir von unseren alltäglichen Sorgen und Problemen Abstand gewinnen, erscheinen die Probleme kleiner und wir gelangen zu einem natürlichen Zustand. In solchen Momenten wird uns bewusst, dass sowohl der Druck, als auch der Stress, den wir uns ständig zum Teil auch selbst machen, völlig unbegründet sind und in Zukunft keine große Relevanz mehr für uns besitzen würden.

Sie sehen, ein Perspektivwechsel kann sehr vieles auslösen und ist mehr denn je gefragt, denn wir sind zur Einseitigkeit erzogen worden. Unser Schulsystem wurde darauf ausgelegt, Ingenieure und Arbeiter zu „produzieren" die Informationen effektiv aufnehmen, verarbeiten und weitergeben können.

Diese Beeinflussung hat sich nicht nur auf unser Arbeitsleben übertragen, sondern auch in unser Familienleben. Eltern machen ihre Kinder für schlechte Noten verantwortlich und erhöhen somit, oft unbewusst, den Leistungsdruck und so bekommen die Kinder seit frühester Kindheit beigebracht, nur dann gut genug zu sein, wenn man produktiv und gut ist.

Doch was geschieht, wenn unser Körper nicht einfach mehr mitmachen kann? Wir werden öfters krank, depressiv und leiden an Burnout. Laut neuesten Aussagen von Krankenkassen steigt die Zahl der Burnout Patienten und das konstant seit einem Jahrzehnt. Doch das Prinzip, immer mehr erreichen und schaffen zu wollen, immer besser, produktiver und leistungsfähiger zu werden, lediglich in eine Sackgasse.

Es stimmt, dass wir in einer Zeit leben, in der es viele maschinelle Innovationen gibt. Doch im Vergleich dazu, was wir in der Neuzeit für unseren Geist erforscht haben, hinken wir im Mittelalter. Für den Alltagsgebrauch gibt es nur wenig Neues. Nicht umsonst werden bis heute alte Philosophien zur Entspannung des Lebens ausgepackt. Die Zen Meditation ist zeitlos. Mit ihr steigt der Effekt des Abstand Gewinnens und die Rückführung in das Natürliche wird sehr intensiv wahrgenommen.

Nach einiger Übung der Meditation erfährt man etwas, was als Entfernung der Seele vom Leiblichen beschrieben werden kann. In diesem Zeitraum denkt man bewusst an nichts. Während der Meditation kommen wenige Minuten wie eine ganze Stunde vor, doch diese vergehen schnell und ganz ohne Belastung.

Kapitel 13: Welche Meditationstechniken Gibt Es?

Es gibt eine Vielzahl von verschiedenen Meditationstechniken und Meditationshaltungen. Nicht immer ist eine Meditation nur still, ruhig und besinnlich. Es gibt auch Formen, die durchaus laut und wild ablaufen. Welche Methode für dich die Richtige ist, hängt ganz von deinen persönlichen Vorlieben, speziellen Bedürfnissen und Lebensumständen ab.

Die verschiedenen Techniken unterscheiden sich in ihrer traditionellen religiösen Herkunft, nach verschiedenen Schulen oder Richtungen. Innerhalb der unterschiedlichen Schulen und Richtungen gibt es noch Unterschiede durch die jeweiligen Lehrer. Seit den siebziger Jahren des letzten Jahrhunderts wurden viele fernöstliche Meditationsformen an die Bedürfnisse des Westens angepasst.

Welche Bedürfnisse hast du? Hat sich über die Zeit viel Energie oder auch Wut in dir angesammelt oder brauchst du eher Ruhe und Entspannung? Damit du die für dich passende Meditationsmethode findest, solltest du am Anfang erst einmal auf Entdeckungsreise gehen und so viele Varianten wie möglich ausprobieren. So merkst du am besten, was dir gut tut und was eher nicht.

Die unterschiedlichen Meditationstechniken lassen sich grob in zwei Gruppen einteilen. Das eine ist die passive oder auch kontemplative Meditation und die zweite Gruppe ist die aktive Meditation. Die passive Meditation ist auch bekannt unter dem Begriff „Schweigemeditation" oder „Stille Meditation". Sie wird vor allem im stillen Sitzen praktiziert.

Die aktive Meditationstechnik nennt man auch „Dynamische Meditation" oder „Bewegungsmeditation". Hier findest du alles, was mit Bewegung zu tun hat. Gehen, Mantras rezitieren, Tanzen, Kampfkünste, Yoga, Tantra, und so weiter. Dieser Bereich der Meditation ist unglaublich vielfältig. Daher hier noch mal mein Rat an dich, probiere es aus und entscheide dich dann dafür, was dir gut tut.

Passive Meditationsformen

Du kennst sicher Bilder von Menschen, die zum Beispiel im Schneidersitz, im Lotussitz oder auch kniend still ausharren. Die Hände sind in einer bestimmten Position abgelegt oder vor dem Körper gefaltet. Die Augen sind entweder geschlossen oder konzentriert auf einen bestimmten Punkt gerichtet. Sie sitzen vollkommen still, bewegungslos und ohne zu reden. Das ist das typische Bild einer passiven Meditation. Das Äußere ist ruhig und still, dafür passiert hier aber um so mehr im Inneren. Nachfolgend stelle ich dir fünf einfache passive Meditationsformen vor.

1. Stille Meditation (Ruhemeditation)

In der christlichen Religion ist diese Form der Meditation als Gebet bekannt und noch sehr verbreitet. Das versunkene Betrachten einzelner Bibelstellen oder das lange Beten über dem Rosenkranz gehören zur christlichen Tradition dazu. Viele solcher Gebetsrituale gibt es auch in allen anderen Religionen, wie zum Beispiel dem Judentum oder dem Islam.

Diese Meditationsform setzt keine bestimmte Körperhaltung voraus. Ein Minimum an Bewegung und Sprechen ist sinnvoll. Die Aufmerksamkeit beschränkt sich auf wenige Dinge und sie wird immer wieder auf diese Dinge zurückgelenkt. Das Ziel dieser Meditation ist es, einen Zustand vollkommener Gedankenlosigkeit zu erreichen. Dabei ist dein Geist frei und in einem ruhigen offenen Zustand, wie der Entdeckergeist eines Kindes. So gelingt dir eine Öffnung hin zu neuen Möglichkeiten und Sichtweisen.

In der Stille Meditation werden alle Einflüsse von außen abgestellt, auch deine eigene Bewegung. Es ist nichts mehr da, an dem du dich festhalten kannst oder das für dich wichtig ist. Keine Ablenkung, nur Ruhe. „In der Ruhe liegt die Kraft", ein altes Sprichwort, das gerade in der heutigen Zeit wieder enorm an Bedeutung gewinnt. Ohne ausreichende Ruhe gerätst du ganz schnell aus dem Gleichgewicht, also zieh dich für ein paar Minuten zurück und genieße die Stille.

Geeignet ist diese Meditation für alle, die das Bedürfnis nach Ruhe und einer Auszeit verspüren. Das gilt auch für Jugendliche, deren Schulalltag eine hohe Stressbelastung mit sich bringt. Wenn du dich zum Beispiel gehetzt fühlst, nicht gut schlafen kannst oder innerlich unruhig bist, solltest du es mit dieser einfachen Meditationstechnik versuchen.

Ziehe dir bequeme Kleidung an, suche dir einen ruhigen Raum und stelle sicher, dass du nicht gestört wirst. Lüfte kurz durch und wenn du willst, kannst du dir eine Kerze oder ein Räucherstäbchen anzünden. Zur Einstimmung hat das einen positiven Effekt auf deinen Geist. Am Anfang nimmst du dir für die Meditation zehn Minuten vor, das ist erst einmal völlig ausreichend. Dazu kannst du einen Timer, einen Wecker oder dein Smartphone (Flugmodus einschalten!) benutzen, das was du gerade zur Verfügung hast.

Ob du am Morgen nach dem Aufstehen oder abends vor dem Schlafengehen meditierst, spielt keine Rolle. Du kannst es zu jeder Tageszeit tun, wann immer du ein paar Minuten Zeit für dich hast. Den perfekten und idealen Zeitpunkt gibt es hier nicht. Der Zeitpunkt ist immer perfekt, wenn du ihn zum Meditieren nutzt.

Als Nächstes suchst du dir eine bequeme Sitzposition aus. Das kann auf einem Stuhl, auf dem Boden mit dicken Kissen im Schneidersitz, im Liegen oder auch im

Stehen sein. Egal was du dir auswählst, es muss für dich angenehm sein. Wenn das Sitzen auf dem Boden dir Schmerzen bereitet, quäle dich nicht und suche dir eine andere Position aus.

Hast du eine für dich angenehme Haltung gefunden, schließe deine Augen und atme tief und entspannt in deinen Bauch ein. Bei jedem Atemzug stellst du dir vor, du atmest die Stille und Energie des Kosmos ein. Mit jedem tiefen Atemzug wirst du ruhiger, entspannter und wirst mit mehr Energie aufgeladen. Beim Ausatmen kannst du dir vorstellen, dass du alle deine Sorgen, Probleme und Beschwerden mit dem Atemstrom ausatmest und loslässt.

Der Gedankenstrom in deinem Kopf, dein kleiner neugieriger Affe, wird nicht anhalten. Das ist ganz normal. Schau dir kurz liebevoll an, was gerade da ist und dann lässt du die Gedanken einfach weiterziehen, wie eine Wolke am Himmel die an dir vorüberzieht. Wenn du merkst, dass du gerade wieder mit deinen Gedanken abgeschweift bist, kehre einfach zu deiner Atmung zurück. Mit der Zeit wird das Abschweifen weniger und du kannst fokussierter bei deinem Atem bleiben.

Ist deine Meditationszeit zu Ende, mache deinen Körper ganz lang, recke und strecke dich. Bedanke dich innerlich bei dir selbst, dass du dir mit dieser kurzen Auszeit ein wertvolles Geschenk gemacht hast. Anschließend kehrst du in deinen normalen Alltag zurück und versuchst, diese innere Ruhe so lange wie möglich zu bewahren.

2. Reise durch den Körper (Bodyscan)

Der Bodyscan ist eine einfache Methode, die dir dabei hilft, entspannter zu werden. Diese Entspanntheit erreichst du dadurch, dass du ganz bewusst wahrnimmst, was gerade in deinem Körper passiert. Du gehst auf eine Reise durch deinen Körper und in dein Inneres. Jedes Körperteil wird betrachtet und erhält deine volle Aufmerksamkeit.

Geeignet ist diese Meditationsform für alle Menschen, die sich in ihrem Alltag gestresst und unruhig fühlen. Ganz besonders zu empfehlen ist diese Übung auch für Kinder, die nervös und zappelig sind. Wenn du selbst Kinder hast, die unruhig sind, ist es eine gute Idee, diese Meditation gemeinsam mit ihnen durchzuführen. Du kannst sie auf die Reise mitnehmen und ihnen die einzelnen Schritte ansagen. Erwachsene und Kinder profitieren gleichermaßen von der Entspannung.

Diese Übung kannst du zu jeder Zeit machen, du benötigst dafür etwa fünfzehn Minuten. Ziehe dir bequeme Kleidung an und suche dir einen ruhigen Ort, an dem du ungestört bist. Die Meditation wird auf dem Rücken liegend ausgeführt, deine Arme liegen seitlich neben deinem Körper. Du kannst dich auf deine Couch, ins Bett oder auf eine Matte auf den Boden legen. Probiere aus, was für dich am besten funktioniert.

Du liegst entspannt und bequem auf dem Rücken, deine Augen sind geschlossen und du atmest als Erstes ein paar Atemzüge tief in deinen Bauch ein. Mit dem Ausatmen lässt du alle Anspannung los. Nimm wahr, an welchen Stellen du deine Unterlage berührst. Jetzt beginnt die Reise durch deinen Körper. Lenke deine Aufmerksamkeit auf deinen rechten Fuß.

- Was spürst du?

- Hast du ein leichtes oder eher schweres Gefühl?

- Fühlt es sich warm oder kühl an?

- Kannst du eine Verspannung wahrnehmen oder bist du dort entspannt?

Wandere mit deiner Aufmerksamkeit weiter nach oben zu deinem rechten

Unterschenkel und stell dir die gleichen Fragen. Der nächste Punkt deiner Konzentration ist der rechte Oberschenkel. Auch hier stellst du dir die gleichen Fragen und fühlst genau in dich hinein. Nun gehst du in deinen Gedanken alle Teile deines Körpers durch und stellst dir jeweils die oben aufgeführten Fragen.

- rechter Fuß, Unterschenkel, Oberschenkel

- linker Fuß, Unterschenkel, Oberschenkel

- Gesäß

- Unterbauch

- unterer Rücken

- Bauch

- oberer Rücken

- Brustbereich

- Schultern

- rechte Hand, Unterarm, Oberarm

- linke Hand, Unterarm. Oberarm

- Hals

- Gesicht

- Hinterkopf

Es gibt hier kein Richtig oder Falsch. Spüre einfach, was du in dem jeweiligen Körperteil wahrnehmen kannst. Versuche in allen Teilen deines Körpers so entspannt wie möglich zu sein. Bleibe zum Schluss der Reise noch kurz liegen, atme noch ein paar Mal tief in deinen Unterbauch und beende damit diese Übung. Versuche diese Entspannung so lange wie möglich in deinem Alltag beizubehalten.

3. Achtsamkeitsmeditation (Einsichtsmeditation)

Die Achtsamkeit ermöglicht es dir, den gegenwärtigen Augenblick ganz bewusst wahrzunehmen. Dadurch kannst du deine herumwirbelnden Gedanken beruhigen. Kein Moment ist wie der andere und durch eine offene Haltung dem jetzigen Moment gegenüber, bewahrst du dir deine kindliche Neugierde, für alles, was gerade da ist. Du bewertest und beurteilst nicht, sondern nimmst wertfrei alles nur zur Kenntnis.

Bei dieser Meditationsform nimmst du eine aufrechte Sitzposition ein. Dadurch wird eine Verbindung zwischen Anspannung und Entspannung hergestellt. Die Aufmerksamkeit liegt auf deinen Körperempfindungen, deinen Gedanken und Gefühlen. Du begibst dich in die Position des Beobachters, der alles wahrnimmt, aber nichts bewertet. Du schaust dir alles an was kommt und lässt es dann wieder weiterziehen.

Diese Meditation ist für jeden geeignet und eine bestimmte Uhrzeit ist nicht vorgeschrieben. Im Laufe der Zeit wirst du herausfinden, wann deine beste Zeit zum Üben ist. Ziehe dir bequeme Kleidung an und begib dich in einen ruhigen Raum. Stelle sicher, dass du in den nächsten zehn bis fünfzehn Minuten nicht gestört wirst. Denke daran, dir einen Wecker zu stellen.

Du kannst dich auf eine Matte setzen, ein Meditationskissen oder auf einen Stuhl. Ideal ist für diese Meditation der halbe Lotussitz. Er ist besonders stabil und du kannst ihn leicht erlernen. Dazu winkelst du dein linkes Bein ganz an, wenn du auf dem Boden oder deinem Meditationskissen sitzt. Ziehe den linken Fuß möglichst dicht an deinen Körper heran. Winkle nun das rechte Bein an und lege den rechten Fußrücken auf deinem linken Oberschenkel ab.

Wenn dir diese Beinstellung anders herum besser gelingt, kannst du die Beine ruhig wechseln. Deine Hände legst du entspannt auf deinen Oberschenkeln ab. Ist die Sitzposition auf einem Stuhl für dich am angenehmsten, nimm auf der vorderen Kante des Stuhls Platz, ohne dich anzulehnen. Egal wie du sitzt, richte deine Wirbelsäule gerade auf, dein Kinn ist leicht zur Brust geneigt, deine Schultern sind entspannt, sie zeigen nach hinten und unten.

Finde die beste Sitzposition für dich, schließe deine Augen und lass deinen Atem zur Ruhe kommen. Konzentriere dich ganz auf dich selbst. Jetzt atmest du tief und langsam durch die Nase in deinen Unterbauch ein und langsam wieder aus. Zähle deine Atemzüge von eins bis fünf und dann beginnst du wieder von vorne. Achte ganz bewusst auf deine Atmung, wie die Luft an deinen Nasenflügeln in deine Lungen ein und wieder ausströmt.

Beim Zählen wirst du am Anfang oft nicht bis fünf kommen, weil deine Gedanken zwischendrin immer wieder abschweifen. Ärgere dich nicht darüber, das ist ganz normal. Fange einfach wieder bei eins an zu zählen. Wenn du etwas mehr Übung hast, gelingt es dir immer besser, mit deiner Aufmerksamkeit bei der Atmung zu bleiben. Regelmäßiges Üben ist der Schlüssel für mehr Achtsamkeit.

Ist deine Meditationszeit vorüber, beende deine Übung ganz langsam, sanft und behutsam. Dazu legst du dich kurz auf den Rücken, machst dich ganz lang und genießt das entspannte Gefühl. Räkle und strecke dich, dehne deinen gesamten Körper und komme dann wieder zurück in deinen normalen Alltag. Versuche das entspannte Gefühl möglichst lange aufrechtzuerhalten.

Die Achtsamkeitsmeditation hat viele positive Auswirkungen. Sie hilft dir dabei, dein emotionales und seelisches Gleichgewicht wieder herzustellen. Du bekommst mehr Energie und dein allgemeiner gesundheitlicher Zustand verbessert sich. Das sind doch gute Argumente, um es einmal mit der

Achtsamkeitsmeditation zu versuchen, findest du nicht?

4. Geistesruhe Meditation

Bei der Geistesruhe Meditation geht es ebenfalls darum, die ständig kreisenden Gedanken deines Alltags zur Ruhe zu bringen. Deine Aufmerksamkeit wird auf einen kurzen Satz, ein Wort oder ein inneres Bild gerichtet. Den Satz oder das Wort sagst du immer wieder leise vor dich hin oder auch nur in deinen Gedanken. Nach einer Weile verschwimmt der Satz, das Wort oder dein Bild vor deinem inneren Auge und dein Gedankenstrom ebbt ab.

Ein inneres Bild für diese Meditation ist zum Beispiel eine grüne Sommerwiese, auf der du im Sonnenschein sitzt oder ein leerer Strand bei Sonnenaufgang. Visualisiere ein Bild, mit dem du viele schöne Gefühle verbindest, das funktioniert am besten. Ein Wort zur

Meditation ist zum Beispiel Stille, Liebe oder Danke. Kurze Sätze, die du verwenden kannst, sind zum Beispiel:

- Alles ist gut

- Ich bin richtig, so wie ich bin

- Ich liebe mein Leben

- Ich liebe mich

- Ich bin dankbar für alles

- Vielen Dank

Deiner Fantasie sind keine Grenzen gesetzt, benutze Bilder, Sätze und Worte, die dich aufbauen und dir gut tun.

Reserviere dir zehn bis fünfzehn Minuten am Tag für diese Übung. Der Zeitpunkt, wann du übst, spielt keine Rolle. Auch hier wirst du im Laufe der Zeit herausfinden, wann für dich persönlich der beste Zeitpunkt ist. Suche dir einen ruhigen Ort, an dem du ungestört bist und schalte alle

Störfaktoren ab, wie zum Beispiel das Telefon, die Klingel, das Radio und den Fernseher.

Suche dir eine für dich angenehme Sitzposition, das kann der Schneidersitz, der Fersensitz, der halbe Lotussitz oder ein gerader Stuhl sein. Als Hilfsmittel sind ein bequemes Meditationskissen, eine Meditationsbank, eine Gymnastik- oder Yogamatte zu empfehlen. Ziehe dir lockere und legere Kleidung an, die dich nicht einengt und stelle dir einen Wecker, zum Beispiel auf deinem Smartphone (Flugmodus einschalten!) auf fünfzehn Minuten ein.

Deine Sitzhaltung ist entspannt aber gleichzeitig stabil, dein Rücken ist gerade aufgerichtet. Die Schultern sind locker, dein Kopf ist ganz leicht nach vorne geneigt. Du kannst deine Augen schließen oder sie halb geöffnet lassen. Lässt du deine Augen offen, richte deinen Blick kurz vor dich auf den Boden und fixiere dich dort auf einen Punkt, damit du mit deinen Augen nicht abschweifst. Deine Hände liegen locker auf deinen Oberschenkeln.

Spüre kurz in dich hinein und beginne dann damit, dich auf dein inneres Bild, das du dir vorstellen möchtest, zu konzentrieren. Hast du dir für die Meditation einen kurzen Satz oder ein Wort gewählt, fange an, ihn zu wiederholen. Wenn deine Gedanken abdriften, lenke sie immer wieder sanft zu deinem Meditationsobjekt zurück. Kämpfe nicht dagegen an, wenn deine Gedanken abschweifen, akzeptiere das was kommt, bleibe entspannt und mache einfach weiter.

Am Ende der Meditation öffnest du wieder deine Augen. Lege dich auf den Rücken, recke und strecke dich, dehne deine Muskeln und kehre dann wieder in deinen Alltag zurück. Versuche die Entspannung und innere Ausgeglichenheit so lange es geht in deinem Alltag aufrechtzuerhalten.

Je regelmäßiger du übst, umso besser wird dir das gelingen.

Die Geistesruhe Meditation ist besonders gut dazu geeignet, Stress zu reduzieren. Sie kann dir bei Angst- und Schlafstörungen helfen. Sie fördert deine Konzentration, macht dich gelassener und dein Geist beruhigt sich. Langfristig steigert das dein Selbstbewusstsein, deine innere Harmonie und deine Fähigkeit dich entspannen zu können wird wesentlich verbessert. Probiere es unbedingt einmal aus!

5. Zen-Meditation (Zazen)

In dieser Meditationsform beschäftigt sich dein Geist intensiv mit den Bewegungen und Gefühlen in deinem Inneren, dem Fluss deines Atems und die daraus entstehenden Empfindungen. Im Zazen wird davon ausgegangen, dass dein Geist und dein Körper eine Einheit bilden. Körperliche Geschehnisse haben einen direkten Einfluss auf deinen Geist und umgekehrt. Wenn dein Geist gesund ist, ist es dein Körper auch.

Die Erfahrungen, die du in deinem Leben gemacht hast, sind auf körperlicher Ebene gespeichert. Durch die konzentrierte Aufmerksamkeit auf deine inneren Vorgänge bist du dazu in der Lage, selbst schwere negative Erfahrungen zuzulassen und schließlich sanft aufzulösen. Hier geht es um das objektive und konzentrierte Wahrnehmen des gegenwärtigen Augenblicks. Du stellst eine Verbindung her zwischen deinem Körper und deinem Geist.

Ziehe dir bequeme Kleidung an, suche dir einen ruhigen Ort und wähle eine für dich entspannte und stabile Sitzhaltung aus. Deine Augen kannst du schließen oder leicht geöffnet lassen, deine Hände liegen locker auf deinen Oberschenkeln. Stelle dir deinen Wecker oder dein Smartphone (Flugmodus einschalten!) auf fünfzehn

Minuten ein. Der Zeitpunkt für diese Meditation spielt wie immer keine Rolle.

Vermeide jede Art von Störung, konzentriere dich auf deinen Atem und auf die körperlichen Empfindungen, die in dir auftauchen, wenn du körperlich zur Ruhe kommst.

- Wie geht es dir gerade?

- Wie fühlst du dich?

- Wie fühlt sich dein Körper an?

- Hast du körperliche Schmerzen?

- Wenn ja, wo?

- Kannst du deinen Atem wahrnehmen?

Bewerte nichts, was in dir auftaucht. Alles ist gut und richtig, alles darf da sein.

Wenn du deine Meditation beendet hast, dehne deinen Körper kurz durch. Lege dich dazu auf den Rücken und mache dich ganz lang, recke und strecke dich. Anschließend kehrst du zurück in deinen Alltag und versuchst, die Entspannung aus der Meditation so lange wie möglich zu bewahren. Durch regelmäßiges Üben gelingt dir das immer besser.

Diese Meditation unterstützt dein positives Denken, denn du lernst, auch mit deinen negativen Gefühlen besser umzugehen. Du kannst deine Stresshormone reduzieren, deinen Blutdruck senken und gleichzeitig deine gesamte Durchblutung verbessern. Das Entspannen fällt dir leichter und dein Energielevel wird angehoben. Das sind alles positive Auswirkungen auf deine Gesundheit, die du mit fünfzehn Minuten üben am Tag erreichen kannst. Worauf wartest du noch, leg los!

Aktive Meditationsformen

Die aktiven Meditationsformen sind sehr gut für Menschen geeignet, die sich in ihrem Beruf nur wenig bewegen können. Wenn dich bereits die Vorstellung, lange ruhig zu sitzen, zappelig und nervös macht, ist es für dich vielleicht eine gute Idee die aktiven Meditationsformen einmal auszuprobieren. Die bewegten Sequenzen geben dir die Möglichkeit, deinen Körper zu fordern. Es findet ein intensiver Zustand der persönlichen Innenschau statt. Aufgestaute Gefühle und Blockaden können auf diese Weise gelöst werden. Nachfolgend werde ich dir fünf aktive Meditationsformen vorstellen.

1. Gehmeditation

Bei der Gehmeditation richtest du deine Aufmerksamkeit auf deine Schritte und auf die Vorgänge in deinem Inneren. Das Gehen aktiviert deine beiden Gehirnhälften, denn durch den gleichmäßigen Gehrhythmus wird sowohl deine linke als auch deine rechte Gehirnhälfte angesprochen. Deine linke Hirnseite ist für das logische denken zuständig und die rechte Seite für deine Intuition.

Durch die körperliche Bewegung wird auch eine geistige Bewegung ausgelöst und gleichzeitig kann sich die Energie, die sich in deiner Muskulatur angestaut hat, sanft wieder lösen. Die Gehmeditation ist aus vielen frühen Kulturen bekannt als eine Methode der inneren Vertiefung. In der christlichen Religion gibt es die Tradition der Wallfahrt, wo sich Wanderer den inneren Eindrücken hingeben. Ziel ist es nicht irgendwo anzukommen, sondern der Prozess des Gehens ist die eigentliche Übung.

Die Gehmeditation ist absolut alltagstauglich, denn das Laufen ist ein normaler Bestandteil deines Tages. Du gehst zielgerichtet von einem Ort zum anderen und meistens nimmst du diese Tätigkeit nicht mehr bewusst wahr. Bei der Gehmeditation konzentrierst du dich auf jeden einzelnen Schritt, den du machst und auf deine Atmung. Deine Gedanken sind bei dem, was du gerade machst, nämlich einen Fuß vor den anderen zu setzen. Nimm dir für diese Übung zehn bis fünfzehn Minuten Zeit.

Im Gehen zu meditieren kann jeder, egal in welchem Alter. Du brauchst keine Hilfsmittel dazu und es ist an jedem beliebigen Ort und zu jeder Zeit möglich. Am Morgen ermöglicht dir die Gehmeditation einen ruhigen und gelassenen Start in den Tag und am Abend ist sie eine gute Vorbereitung auf eine erholsame Nachtruhe. Ratsam sind bequeme Schuhe. Wenn es die Umgebung und die Jahreszeit zulässt, kannst du auch barfuß laufen.

Die vier wichtigsten Bestandteile der Gehmeditation sind:

- Gehen

- Atmen

- Achtsamkeit

- Lächeln

Die Verbindung dieser vier Elemente ergibt die Meditation. Du solltest nicht zu langsam und auch nicht zu schnell gehen. Laufe einfach so wie immer, mit einer geraden Haltung, nicht gekünstelt, nicht geziert oder unnatürlich. Suche dir einen ruhigen Ort aus, das kann dein Haus, der Garten, der Büroflur, der Wald oder der Stadtpark sein. Mit etwas Übung kannst du später auch an belebten Orten meditieren.

Deine Atmung sollte ruhig und gleichmäßig sein. Du kannst sie auch mit deinen Schritten verbinden. Eine Möglichkeit wäre zum Beispiel, drei Schritte lang einzuatmen und vier Schritte auszuatmen. Finde deinen eigenen Rhythmus und atme so, wie es dir gut tut. Es hat einen positiven gesundheitlichen Effekt, wenn du einen Schritt länger ausatmest. Denn dadurch können die

Reste der verbrauchten Luft aus deinen Lungen vollständig abgeatmet werden. Probiere es aus.

Während der Gehmeditation ist deine Achtsamkeit uneingeschränkt auf die drei weiteren Bestandteile gerichtet. Nämlich das Gehen, Atmen und Lächeln. Du bist mit deiner ganzen Aufmerksamkeit im jetzigen Moment anwesend. Hier zählt nur der Augenblick, in dem alles zugelassen wird, was du gerade empfindest, ohne darüber nachzudenken.

Wenn du deinen Mund zu einem Lächeln breiter ziehst, hat das positive Auswirkungen auf deine Stimmung. Dein Körper schüttet Botenstoffe aus, die dich glücklicher und fröhlicher machen. Dazu musst du nicht einmal gut gelaunt sein. Die gute Stimmung kommt von ganz alleine, wenn deine Mundwinkel nach oben gehen. Dein Körper kann nicht unterscheiden, ob das Lächeln echt ist oder nicht. Die positive Wirkung ist die gleiche. Lächle die Sonne an, eine Blume oder denke an ein Ereignis, das dich glücklich gemacht hat und schon geht es dir besser.

Stelle dich mit beiden Beinen fest auf den Boden und nimm eine gerade, entspannte Haltung ein. Lass deine Hände seitlich neben deinem Körper hängen oder führe sie vor oder hinter deinem Körper zusammen. Die Knie sind nicht ganz durchgedrückt und locker. Spüre den Boden unter deinen Füßen. Atme 3-mal tief in deinen Unterbauch ein und richte deinen Blick auf den Boden, etwa 2-3 Meter vor deinen Füßen.

Jetzt verlagerst du das Gewicht deines Körpers auf den rechten Fuß. Hebe nun langsam deinen linken Fuß an, zuerst die Ferse, dann die Fußsohle und zum Schluss die Zehen. Schiebe den linken Fuß nach vorne und setze ihn langsam wieder ab. Das Ganze wiederholst du jetzt mit dem rechten Fuß. Nimm bei der Bewegung jede kleine Veränderung deines Körpers wahr, das Anspannen der Muskulatur und die Unebenheit des Bodens. Kannst du die Gewichtsverlagerung spüren, die dein Körper machen muss, damit du nicht umfällst?

Mache fließende und gleichmäßige Bewegungen, atme tief und bewusst. Überprüfe zwischendurch, ob du mit deiner Aufmerksamkeit noch bei deinen Füßen bist. Wenn nicht, richte deine Aufmerksamkeit wieder gezielt auf deine Füße. Wirst du von irgendetwas abgelenkt, bleib kurz stehen, schau es dir an und komm dann zurück zu deinen Füßen und gehe weiter.

Versuche den gegenwärtigen Moment vollkommen zu genießen und alles, was du gerade nicht brauchst, loszulassen. Lächle und erfreue dich daran, dass du gehen kannst. Immer wenn einer deiner Füße sanft auf dem Boden aufkommt, wirst du mit der Zeit entspannter und kannst mehr und mehr deine Gedanken loslassen. Sei ganz aufmerksam für die schönen Dinge am Wegesrand. Zum Schluss deiner Gehmeditation streckst du dich ganz lang, kommst auf die Zehenspitzen und hebst deine Arme über den Kopf. Du nimmst noch einmal ganz bewusst drei tiefe Atemzüge und beendest damit die Übung.

Die Gehmeditation kann dir dabei helfen, entspannter, ruhiger und gelassener zu werden. Innere Unruhezustände, Schlafprobleme und Ängste kannst du mithilfe dieser Meditation sehr gut abmildern. Dein Kopf wird wieder frei und du kannst dich besser konzentrieren. Das gilt vor allem, wenn du die Möglichkeit hast, diese Meditation im Freien an der frischen Luft durchzuführen. Also, auf geht's!

Die vier weiteren aktiven Meditationsformen, die ich dir anschließend kurz vorstellen möchte, haben ebenfalls sehr positive

Auswirkungen auf deine Gesundheit. Während du aber die fünf passiven Meditationsformen und die aktive Gehmeditation alleine ausführen kannst, ist das bei den folgenden vier Formen nicht möglich. Hier ist es sinnvoll einen Kurs zu absolvieren und dich erst einmal in die jeweiligen Techniken einführen zu lassen.

2. Dynamische Meditation

Der indische Mystiker Osho hat diese Meditationsform speziell für die Bedürfnisse der westlichen Menschen entwickelt. Es handelt sich bei dieser Meditationsform um eine geführte Meditation, in der sich aktive und passive Sequenzen abwechseln. Alle Gefühle dürfen nach außen kommen, sei es Wut oder Trauer. Wenn du das Bedürfnis verspürst, dich mal so richtig gehen zu lassen und in einem geschützten Raum an deine eigenen Grenzen zu kommen, dann bist du bei der dynamischen Meditation an der richtigen Adresse.

Die gesamte Meditation dauert eine Stunde und besteht aus sechs verschiedenen Übungen. Jede dieser Übungen geht zehn Minuten lang und kann sehr schweißtreibend werden. Angestaute Energien und Blockaden können losgelassen werden, was aber für uns westlich zivilisierte Menschen nicht ganz einfach ist. Denn die Hemmschwelle ist bei den meisten sehr hoch, bevor sie sich wirklich richtig gehen lassen können.

Bei dieser Meditationsform ist es möglich, gezielt alte Muster aufzubrechen und Blockaden zu lösen. Körper und Geist sind anschließend wieder in der Lage, sich neu zu ordnen. Vielen Menschen fällt es schwer, sich in die passive Meditation zu begeben, da sie ein logisch strukturiertes und aktives Leben gewöhnt sind. Durch den intensiven körperlichen Ausdruck der dynamischen Meditation gelingt es dir einfacher in die Stille zu kommen.

2.1. Schnell wechselnde Atemgeschwindigkeit

Im ersten Teil dieser Meditation geht es darum, vollkommen ungeordnet zu atmen und dadurch alte Muster aufzubrechen. Du atmest schnell durch die Nase ein und wieder aus, ohne eine Pause zu machen. Ein Atemrhythmus soll nicht entstehen. Durch die Nasenatmung und das schnelle Wechseln der Atemgeschwindigkeit lösen sich tief sitzende Hemmungen auf. Dein Zwerchfell kommt hier intensiv zum Einsatz und die darin gespeicherten Energien können so freigesetzt werden.

2.2. Seelische Reinigung (Katharsis)

Alles, was sich in der ersten Phase gelöst hat, darf sich jetzt nach außen zeigen. Dazu stehen Matratzen und Kissen zur Verfügung, an denen sich die Teilnehmer ausleben können. Es darf geschrien, geweint und um sich geschlagen werden, auch treten und beißen sind erlaubt. Alle aufgestauten Aggressionen, wie zum Beispiel Zorn und Wut dürfen sich Bahn brechen, natürlich ohne einen anderen Teilnehmer zu verletzen.

Die unterschiedlichsten Gefühlsregungen kommen bei dieser starken Form des körperlichen Ausdrucks an die Oberfläche. Das kann starkes Zittern, lautes Wimmern oder auch lautes Lachen sein. Keiner braucht Rücksicht auf den anderen zu nehmen, jede Reaktion ist in Ordnung. Jeder darf alle seine Regungen ausleben und sich auf diese Weise davon freimachen.

2.3. Hüpfen

Die dritte Sequenz dieser Meditation ist das Hüpfen oder Wippen. Damit sich die Empfindungen, die sich in den ersten beiden Phasen ausdrücken konnten, setzen können. Das Hüpfen oder Wippen dient der Erdung und Neuausrichtung der Gefühle und Empfindungen. Die Arme werden dazu über den Kopf gestreckt und jeder Hüpfer wird mit einem lauten „Ho" oder „Hu" begleitet, das tief aus dem Bauch kommt.

Dieser Urlaut bringt die Aufmerksamkeit auf den unteren Bauch und von dort können die neuen und ungehemmten Erfahrungen, die man während der ersten Phasen erlebt hat, neu geordnet werden. Schwungvolles Wippen hilft ebenfalls, wenn man nach den ersten Sequenzen der Meditation erschöpft ist und keine Kraftreserven mehr hat, um hohe Sprünge zu machen.

2.4. Stille

Mitten im Hüpfen wird die Sequenz unterbrochen und es folgt die Stille. Jeder Teilnehmer bleibt mit erhobenen Armen so stehen, wie er gerade steht. Man fühlt hinein in den Körper und beobachtet wertfrei, welche Empfindungen man spürt. Die kleinste Körperregung findet Beachtung und alles darf so da sein, wie es gerade ist. Werden die Arme schwer, sinken sie langsam nach unten.

2.5. Tanz

Aus der intensiven Stille heraus kommt als nächste Phase der Tanz. Das sind die ersten leichten Schritte aus einem neuen Bewusstsein heraus, das aus den eben gemachten Erfahrungen entstanden ist. Sanfte Bewegungen, ganz harmonisch, so wie jeder möchte. Die Konzentration liegt auf jedem selbst und den eigenen Gefühlen, tief versunken in das eigene Selbst.

2.6. Ruhe

Die letzte Sequenz dieser Meditation ist die Ruhe. Jeder der Teilnehmer liegt oder sitzt bequem und warm in eine Decke gehüllt oder frei im Raum. Die angestauten Emotionen, die sich ausgedrückt haben, werden noch einmal betrachtet. Gefühle und Erinnerungen können an die Oberfläche kommen. Das eben erlebte kann angeschaut und in Ruhe verarbeitet werden.

Die dynamische Meditation kann dir zu einem freieren Lebensgefühl verhelfen. Aggressionen, wie zum Beispiel Wut und Zorn, verwandeln sich in Angst oder Trauer. Diese Gefühle kommen ins Fließen und werden dann von dir nicht mehr als unangenehm oder belastend empfunden. Einen Versuch ist das doch wert, oder nicht?

3. Yoga

Die verschiedenen Kulturen haben im Laufe der Zeit ganz unterschiedliche Methoden und Möglichkeiten entwickelt, sich mit dem eigenen Selbst und dem Leben zu beschäftigen. Einige weichen ein wenig von dem eigentlichen Begriff der Meditation ab, dazu gehören Yoga, Qigong und Tai Chi. Aber dennoch erweitern sie deinen Horizont und verschaffen dir Einsichten in dein Inneres. Alte Muster können aufgelöst und Blockaden durchbrochen werden. Das Wechselspiel zwischen geistiger und körperlicher Herausforderung ist perfekt für Menschen geeignet, die nicht nur in Ruhe und Stille meditieren wollen. Denn auch die bewusste Bewegung führt einen Zustand der Meditation herbei.

Beim Yoga, das aus der indischen Tradition stammt, werden bestimmte Bewegungsabläufe und Körperhaltungen in Kombination mit einer achtsam geführten Atmung geübt. Das ermöglicht dir, eine Einheit zwischen deinem Körper, deinem Geist und deiner Seele zu spüren. Körperliche Übungen wechseln sich ab mit Phasen der Ruhe und Meditation. Die Übungen sprechen deine jeweiligen Energiezentren (Chakren) an, die aktiviert und gereinigt werden, damit deine Energien wieder frei fließen können.

Eine Yoga Stunde dauert in der Regel eineinhalb Stunden und Anfängerkurse sind für jeden geeignet, egal wie alt du bist. Durch das Praktizieren von Yoga, kräftigst du deinen gesamten Bewegungsapparat, was zu einer guten und aufrechten Körperhaltung führt. Dein Körper wird flexibler und dein Stoffwechsel wird angeregt, denn die einzelnen Übungen wirken wie eine Massage deiner inneren Organe. Durch die meditativen Phasen lädst du deine geistigen Batterien wieder auf, du bist nicht mehr so stressanfällig und kannst dich besser und leichter entspannen.

4. Qigong

Die Meditationsform des Qigong kommt aus China. Sie verbindet Bewusstseinsübungen mit Körper- und Atemübungen. Das Ziel dieser Meditationstechnik ist die Formung von Körper und Geist als eine Einheit, damit die Lebensenergie wieder frei fließen kann. Die Bewegungen werden langsam und ruhig ausgeführt. Sie dienen der Harmonisierung und gleichzeitigen Aktivierung aller deiner Körpersysteme.

Eine Qigong Stunde dauert in der Regel auch eineinhalb Stunden und ist für alle Altersgruppen geeignet. Qi steht für die universelle Lebensenergie und Gong bedeutet Ausdauer. Die jeweiligen Übungen werden im Stehen, Sitzen oder Liegen ausgeführt und setzen sich aus Entspannung, Atmung, Bewegung und Ruhe zusammen. Sie beinhalten auch teilweise Sequenzen aus alten Kampfübungen und Techniken.

Die Übungen stärken dein Herz-Kreislauf-System und sorgen für ein stabiles seelisches Gleichgewicht. Sie wirken sich positiv auf dein Nervensystem aus und auch dein Immunsystem profitiert davon. Innere Unruhe, Angstzustände und Stress kann man mit Qigong verbessern und Stimmungsschwankungen und

Depressionen können abgemildert werden.

5. Tai Chi

Das Tai Chi ist eine Abfolge harmonischer Bewegungen, die bei einem Könner nach einer Art tänzerischer Vorführung aussieht und ebenfalls, wie das Qigong Elemente der Kampfkunst beinhaltet. Auch diese Meditationstechnik kommt aus China und verbindet Bewegung mit der Atmung. Es geht darum, bewusst und langsam kämpferische Abwehrbewegungen zu machen, sozusagen ein stilisierter, meditativer Kampf.

Die Übungen werden langsam und fließend durchgeführt, spielerisch und ohne Absätze zwischendurch. Alles wirkt weich und verschmilzt ineinander. Dadurch entsteht eine tiefe Verbundenheit zwischen dem ausführenden Körper und dem Geist. Diese Übungen stärken gleichzeitig deine physische und psychische Verfassung, du wirst innerlich und äußerlich stabiler gegen Einflüsse von außen.

Die Technik des Tai Chi kann jeder erlernen, das Alter spielt keine Rolle. Sie ist sogar für Kinder ab zwölf Jahren zu empfehlen. Beim Tai Chi ist die sportliche Komponente etwas ausgeprägter, als in den anderen bisher vorgestellten Meditationstechniken. Auch die Kampfeslust kann befriedigt werden, denn Aggressionen lassen sich bei diesen Übungen leicht abbauen. Das kann speziell Jugendlichen dabei helfen, mit innerer Wut und Zorn besser umgehen zu lernen.

Die Übungen sind sehr breit gefächert und lassen sich gut auf die persönlichen Bedürfnisse des Einzelnen anpassen. Der Einstieg ist jederzeit möglich, daher ist das Tai Chi auch für Senioren durchaus zu empfehlen. Die einzelnen Bewegungsabläufe werden ruhig und bedächtig erlernt, sodass sie wirklich jeder mitmachen kann.

Speziell nervöse und sehr angespannte Menschen werden von dieser Meditationstechnik profitieren. Deine Nerven beruhigen und entspannen sich, dein Wohlbefinden steigert sich erheblich und du bekommst mehr Lebensfreude. Körperliche Verspannungen lösen sich, Stress wird abgebaut, der Kopf wird frei, du fühlst dich deutlich vitaler und hast mehr Energie. Dein gesamter Bewegungsapparat und deine Atmung werden deutlich besser. Probiere es aus, du wirst begeistert sein!

Kapitel 14: Kann Man Schamanismus Erlernen?

Diese Frage wird immer wieder diskutiert. Ein seriöser Schamane muss in der Lage sein, sich mit der geistigen Welt zu verbinden, um Menschen auf ihrer Reise in diese Anderswelt begleiten zu können. Wer seit jeher keinen Bezug zu dieser Welt hat, dem wird sie sich auch nicht durch Workshops oder diverse Kurse öffnen. Schamanen entstammen meistens uralten Naturvölkern, in denen man sie auch als Priester, Seher oder Heiler anerkennt. Sie sind in der Lage, mit Gesang, symbolischen Riten und Trommelschlägen ihre Mitmenschen in einen trance-ähnlichen Zustand zu versetzen. In diversen Kursen verspricht man Interessierten, dass sie schamanische Fähigkeiten erlernen können. Dazu werden meistens folgende Inhalte vermittelt:

– Meditationsarbeit: Um das Wissen weitergeben zu können, muss man zu sich selbst finden. Man soll zunächst selbst Eins werden mit der Natur.

– Praxis der Schamanen: Hierbei werden die uralten Riten der bekanntesten Schamanen vermittelt.

– Werkzeuge bauen: Möchte man selbst als Schamane arbeiten, müssen spezielle Werkzeuge zurechtgelegt werden. Damit kann seinen Mitmenschen zur Bewusstseinserweiterung verholfen werden. Das können spezielle Sinnbilder oder komplexe Riten sein, die man entwickelt.

– Eigene Geistführer und Krafttiere finden: Während der Selbstfindung, werden auch eigene Geistführer und Krafttiere entdeckt. Man lernt, mit ihnen zu kommunizieren und ihre Zeichen zu deuten.

– Die Natur verstehen: Ein Schamane betrachtet Menschen und Natur als Einheit. Dazu ist es wichtig, die Zusammenhänge in der Natur zu kennen.

– Heilige Gesetze: Die Arbeit der Schamanen soll in erster Linie heilen und anderen Menschen keinen Schaden zufügen. Damit diese Regeln eingehalten werden, gibt es heilige Gesetze für Schamanen.

– Anderswelt: Bei diesem Teil wird der angehende Schamane in die Parallelwelt eingeführt. Er lernt, sich angstfrei in dieser Welt zu bewegen und den Lebewesen dort Respekt entgegenzubringen.

– Begegnung mit Ahnen: Dies gehört zu der Arbeit eines Schamanen. Kontakt aufzunehmen mit seinen Ahnen. Sie besitzen ein großes Wissen, da sie sich bereits in der Anderswelt befinden.

– Elfen und Feen: Die Helferinnen der Natur werden näher erläutert.

– Die vier Elemente: Ein Schamane sollte mit allen vier Elementen vertraut sein. Aus diesem Grund ist das ein Teil der Ausbildung.

Je nach Anbieter können die Inhalte der Kurse natürlich unterschiedlich ausfallen.

Im Wesentlichen geht es immer wieder darum, dem angehenden Schamanen bestimmte Gaben anzutrainieren. Dazu gehört, sich selbst anzunehmen, um Andere in ihrem Heilungsprozess zu unterstützen und ein gewisses Urvertrauen gegenüber dem Universum zu entwickeln. Menschen und Natur sind eine untrennbare Einheit.

Ein wesentlicher Bestandteil ist der Umgang mit dem Bewusstsein. Was genau bedeutet das und wie nehme ich mich selbst wahr?

Ein Schamane muss in der Lage sein, andere Menschen zu leiten und mit ihm einen Blick in dessen Zukunft zu werfen. Die werden häufig damit beworben, dass es sich nicht um stures Lernen, sondern vielmehr um ein Erleben handelt.

Kann man den Schamanismus wirklich in Kursen lernen oder steckt doch mehr dahinter?

Uralte Naturvölker glauben nicht an Weiterbildung zum Schamanen, sondern daran, dass die Geister der Parallelwelt eine große Rolle spielen. Diese entscheiden, ob man ein echter Schamane wird. Das kann z. B. der Fall sein, wenn es in der Familie bereits eine schamanische

Tradition gibt und das Talent weitervererbt wurde.

Eine andere Möglichkeit ist, wenn ein außenstehender Heiler das Talent erkennt, mit den Geistern der anderen Welt in Kontakt zu treten. Er kann eine Person als seinen Nachfolger bestimmen. Es ist aber auch möglich, durch schwere Krankheiten auserwählt worden zu sein. Solche Schamanen hatten während ihrer Krankheit meistens Visionen aus der geistlichen Welt, die mit plötzlichen Selbstheilungskräften einhergingen. In derartigen Situationen rufen die Geister den angehenden Schamanen dazu auf, seiner eigentlichen Bestimmung nachzugehen.

Teil dieser Bestimmung ist auch das Wissen um die Einheit von Körper und Geist.

Diese sind laut den Lehren des Schamanismus untrennbar miteinander verbunden. So weiß selbst die heutige Schulmedizin, dass viele psychosomatische Krankheiten ihren Ursprung in der Seele haben. Diese können weder gesehen noch operiert werden. Ein guter Schamane weiß, wie er seinem "Klienten" dazu verhelfen kann, in die geistliche Welt einzutauchen. Meistens geschieht das durch uralte Entspannungsrituale, die von Trommelmusik und Gesängen begleitet werden.

Der Schamane ist dabei Reiseleiter oder sogar Reisebegleitung.

Wann kann man sich als echter Schamane bezeichnen?

− Wenn man in bestimmten Trance-Zuständen die Symbole und Zeichen deuten kann, die einem die geistige Welt schickt.

− Wenn man einen Zugang hat zu den Menschen, die auf einer solchen Reise begleitet werden wollen genauso wie zu den Geistern in der anderen Welt.

– Wenn man in ständigem Kontakt mit der geistigen Welt steht und einen die Geister selbst als Schamanen anerkennen.

– Wenn man sich mit den Riten des Schamanismus auskennt und diese gezielt umsetzen kann.

Wer zum Schamanen wird, entscheiden nicht wir, sondern die Geister der Parallelwelt. Das heißt aber nicht, dass uns der Zugang zu dieser Welt gänzlich verwehrt ist. Das zumindest glauben einige der ältesten Naturvölker dieser Erde.

Falls man von der geistigen Welt nicht auserwählt wurde, kann sich die Weiterbildung zum Schamanen dennoch lohnen. Eventuell kommt es zu einer Selbstfindung oder es ergeben sich Antworten auf Fragen, die einem vorher nicht bewusst waren. Fragen, die unseren irdischen Horizont übersteigen.

Kapitel 15: Stille

ACHTSAMKEITS-MEDITATION FÜR ANFÄNGER

Dauer: 15-20 Minuten

Wähle wieder eine bequeme aber aufrechte Sitzhaltung, für dich als Anfänger empfohlenerweise den Schneidersitz. Leg deine Hände entspannt auf deinen Oberschenkel ab. Ziehe dein Kinn etwas zur Brust, damit dein Nacken leicht gedehnt wird. Deinen Kopf solltest du mittig halten, sodass dein Nabel und deine Nasenspitze auf einer senkrechten Linie liegen. Deine Schultern bleiben entspannt und werden nicht nach oben gezogen.

Phase 1 (10 Minuten)

Nun schließt du deine Augen. Atme tief durch die Nase ein. Beim Ausatmen sprichst du drei Mal leise das Mantra Om. Wie Glockenschläge verteilen sich die Oms ganz gleichmäßig über das Ausatmen. Atme wieder langsam durch die Nase ein, atme aus und wiederhole das Ganze. Deine ganze Achtsamkeit richtet sich hier auf deine Atmung. Am Ende dieser Übung machst du dir einmal die Schwere deines Körpers bewusst und atmest dabei tief ein.

Phase 2 (5-10 Minuten)

Nachdem du so einige Zeit verweilt bist, kehre jetzt ganz langsam aus dieser tiefen Ruhe zurück. Lege dich nun auf den Rücken. Deine Muskeln haben sich während der Meditation vollständig entspannt. Schließe deine Augen. Nimm dir in dieser letzten Phase die Zeit, die du benötigst. Dann, wenn du dich bereit fühlst, strecke und dehne dich und deinen ganzen Körper und öffne ganz langsam deine Augen.

ACHTSAMKEITS-MEDITATION FÜR FORTGESCHRITTENE

Dauer: 30 Minuten

Phase 1 (5 Minuten)

Setze dich in den halben Lotussitz. Forme als nächstes deine Hände zu einem Mudra. Mudras besitzen bestimmte, die Meditation unterstützende, Wirkungen, beispielsweise können sie deine Emotionen beeinflussen. Um eine tiefe Atmung zu unterstützen, empfehle ich dir das Hakini-Mudra: Lege dafür alle deine Fingerspitzen aneinander. Nun versuchst du, deinen Geist langsam zur Ruhe zu bringen.

Phase 2 (15 Minuten)

Lasse deine Augen während der Meditation halb geöffnet oder geöffnet. Du atmest langsam durch die Nase ein und ebenso langsam wieder aus. Du konzentrierst dich einzig und allein auf deine Atmung. Du kannst die Stellung deiner Hände wie gesagt während der Meditation verändern, wenn du glaubst, dass dies deiner Meditation hilft. Versuche, dies dabei aber immer mit deiner Atmung zu verbinden. Du kannst beispielsweise beide Handflächen auf deinen Bauch legen und so bewusst den Kontakt zwischen Bauch und Händen sowie die Bewegung bei der Atmung spüren.

Phase 3 (10 Minuten)

Lege dich auf den Rücken und genieße noch ein letztes Mal diesen angenehmen Zustand der Ruhe, in dem sich Körper und Seele gerade befinden. Schließe hierfür nun ruhig deine Augen. Strecke und dehne dich und deinen ganzen Körper ausgiebig, bevor du die Augen langsam wieder öffnest und die Achtsamkeitsmeditation somit beendest.

Kapitel 16: Wie Achtsamkeit Für Den Praktizierenden Von Vorteil Ist

Im vierten Kapitel sprachen wir über die Vorteile der Meditation. Es gibt mehrere Möglichkeiten, zu meditieren. Es gibt Zen-Meditation, Metta-Meditation, Hindu-Meditation (diese neigt dazu, ein Element des Yoga zu haben), und geführte Meditationen, um nur einige zu nennen. Die Liste ist lang, aber der Schwerpunkt dieses Buches liegt auf den Vorteilen einer achtsamen Meditation und wie man anfangen kann. In diesem Kapitel werden wir über die Vorteile sprechen, da sie sich speziell auf achtsame Meditation beziehen.

Wie wir bereits erwähnt haben, ist Achtsamkeit gut für unseren Geist. Die Studien zu diesem Thema waren, gelinde gesagt, beeindruckend. In den letzten Jahrzehnten gab es Hunderte von Studien, die zeigen, wie nützlich Achtsamkeitsmeditation sein kann. Sie hat das Potenzial, unsere emotionale und geistige Gesundheit auf eine Weise zu verbessern, die die moderne Medizin nicht einmal annähernd erreichen kann.

Diese Studien haben gezeigt, dass Menschen, die Achtsamkeit praktizieren, regelmäßig an mehreren Fronten der psychischen Gesundheit besser abschneiden. Dazu gehören eine erhöhte Präsenz (die wir im vorherigen Kapitel behandelt haben), weniger Stress und Angst sowie positive Emotionen. Regelmäßige Praktizierende scheinen auch glücklicher und zufriedener zu sein als weniger aufmerksame. Insbesondere diese Studie wurde im Laufe der Jahre mehrfach mit den gleichen Ergebnissen repliziert. Alles positiv, natürlich.

Menschen, die Achtsamkeit praktizieren, sind ebenfalls optimistischer und haben eine höhere allgemeine Zufriedenheit mit ihrem Leben im Allgemeinen.

Die Praxis der achtsamen Meditation hat auch gezeigt, dass sie unsere Konzentration und Aufmerksamkeit verbessert und das Gedächtnis verbessert. Wenn wir gestresst sind, können diejenigen, die regelmäßig Achtsamkeitsübungen durchführen, effektivere Strategien zur Bewältigung ihres Stresses finden.

Die Dinge, die wir bisher erwähnt haben, sind beeindruckend. Noch spannender ist jedoch die Verbindung zwischen Achtsamkeitsübung und Depression. Studien haben gezeigt, dass das Üben von Achtsamkeit die Wahrscheinlichkeit einer Depression verringern kann. Psychologen haben es sogar als Therapieform bei ihren Patienten eingesetzt, die bereits an schweren Formen von Depressionen leiden.

Achtsamkeit ist also offensichtlich gut für den Geist. Es ist auch gut für den Körper. Ebenso beeindruckend ist die Wirkung einer achtsamen Meditation auf die körperliche Gesundheit.

In einer 2003 durchgeführten Studie wurden neu ausgebildete Meditierende mit denen verglichen, die überhaupt keine Achtsamkeitsausbildung hatten. Nach nur acht Wochen zeigte die Forschung, dass achtsame Meditation die Funktion des Immunsystems erhöhte und dass die Meditierenden in der Lage waren, mehr Antikörper zu produzieren, wenn sie den Grippeimpfstoff erhielten.

Eine weitere Studie beschäftigte sich mit Patienten mit dem HIV-Virus. Diejenigen, die achtsame Meditation verwendeten, hatten höhere CD4+T-Zellen in ihrem Körper. Diese Zellen spielen eine entscheidende Rolle für die Funktion des Immunsystems. Ihre Hauptfunktion ist es, unseren Körper vor Virenangriffen zu schützen. Erstaunlicherweise schien es, als ob je mehr HIV-positive Patienten achtsame Meditation praktizierten, desto höher waren ihre CD4+T-Zellzahlen am Ende der Studie.

Es gibt mehrere Studien, die im Laufe der Jahre durchgeführt wurden und zeigen, wie achtsame Meditation, die regelmäßig praktiziert wird, den Körper gesund halten kann. Die Gründe oder Ausreden, die sich in Bezug auf die Ausübung achtsamer Meditation gebildet haben könnten, sollten mit jedem gelesenen Abschnitt kleiner werden. Das sind alles fantastische Neuigkeiten!

Achtsamkeit ist auch gut für unser Leben. Zuvor haben wir darüber gesprochen, wie Achtsamkeit Menschen tatsächlich helfen kann, ein tieferes Verständnis ihrer Beziehungen zu anderen zu entwickeln. Dies ist einer der stärksten Vorteile der achtsamen Meditation. Es hat Auswirkungen auf zwischenmenschliche und romantische Beziehungen gleichermaßen. In einer Studie über romantische Beziehungen wurde festgestellt, dass Achtsamkeitstraining zu einer höheren Beziehungszufriedenheit, weniger Stress und größerer Nähe führt. Diese Ergebnisse wurden drei Monate später beibehalten, was darauf hindeutet, dass achtsame Meditation eine Fähigkeit ist, von der wir immer wieder profitieren können. Und, dass die Wirkung lang anhaltend ist.

Das Üben von achtsamer Meditation hat auch große Auswirkungen auf das Gehirn. Wir haben bereits auf einige der Vorteile eingegangen. MRT-Aufnahmen eines gestörten Gehirns zeigen, dass der präfrontale Kortex rechts viel aktiver ist als links. Dieser Teil des Gehirns beschäftigt sich mit negativen Emotionen, wobei der linke präfrontale Kortex mit dem Wohlbefinden und positiven Emotionen zu tun hat. Zusätzlich gab es eine Zunahme der Amygdala, die sich mit Angst, Flucht oder Kampf und Erregung beschäftigt. Wenn also Stress eine scheinbare Entzündung der Teile unseres Gehirns verursacht, die sich mit Negativität und Erregung befassen, was bewirkt dann achtsame Meditation für den guten Teil unseres Gehirns? Lasst uns das erkunden!

Achtsamkeitsmeditation lässt unser Gehirn ganz anders reagieren. Wenn man regelmäßig trainiert und Stress oder Ärger erlebt, zeigt die linke Seite des Gehirns eine Zunahme der Aktivität. Der linke präfrontale Kortex beschäftigt sich mit angenehmen Emotionen und positivem Denken. Wenn das zunimmt, nimmt die Amygdala ab, was darauf hindeutet, dass achtsame Meditation negative Reaktionen auf Bedrohungen reduziert und es so macht, dass wir effektiver mit jeder Stresssituation umgehen können, die wir erlebt haben. Hirnscans haben auch eine Zunahme der Aktivität in Bereichen gezeigt, die sich mit Emotionen, Lernen und Gedächtnis befassen.

Um die Erfahrungen mit den Veränderungen, von denen wir bisher gesprochen haben, zu machen, muss man nicht jahrelang üben, um Ergebnisse zu sehen, noch muss man ein Buddhist sein. Die Ergebnisse, die wir diskutiert haben, waren Menschen, die seit einigen Wochen achtsame Meditation praktiziert hatten. Das ist es. Das bedeutet nicht, dass man für ein paar Wochen üben kann, und wenn sie die Effekte sehen oder fühlen, können sie aufhören. Das sind nur die außerordentlich positiven Ergebnisse, die nach kurzer Zeit zu verzeichnen sind. Stellen Sie sich vor, welche langfristigen Auswirkungen es haben kann, wenn man regelmäßig praktiziert.

Allerdings gibt es aktuelle Forschungsergebnisse, die zeigen, dass Achtsamkeitsübungen tatsächlich zu dauerhaften Veränderungen in der

Struktur unseres Gehirns im Laufe der Zeit führen können. In diesen Studien hatten diejenigen, die regelmäßig praktizierten, im Vergleich zu denen, die nicht meditierten, eine erhöhte Verdickung in den Hirnarealen, die mit Konzentration, Gedächtnis, Entscheidungsfindung, Empathie und Aufmerksamkeit verbunden war. Darüber hinaus kann Achtsamkeit unserem Gehirn im Alter helfen. Denn wenn wir älter werden, verlieren wir Gehirnzellen. Die Wissenschaft nennt das kortikale Verdünnen. Studien zeigen, dass Menschen, die achtsame Meditation langfristig einsetzten, den Prozess der kortikalen Verdünnung tatsächlich verlangsamt haben. Es gibt keinen Jungbrunnen, aber Achtsamkeit hat Vorteile, die sie verdammt nah machen!

Nun, da wir über einige der Vorteile gesprochen haben, lassen Sie uns darüber sprechen, wie und warum Achtsamkeit effektiv ist.

Dies ist eine Praxis, die es seit Jahrtausenden gibt. Ja, es ist in der buddhistischen Tradition begründet, aber es ist in letzter Zeit weiter verbreitet und wird von Menschen in allen Lebensbereichen mit unterschiedlichen Überzeugungen praktiziert.

Was macht also Achtsamkeit so stark und wie kann etwas so Einfaches wie die tägliche Praxis in so vielen Bereichen unseres Lebens ausgesprochen unglaubliche Veränderungen bewirken? Hier sind deine Antworten.

Achtsamkeit verändert tatsächlich unser Gehirn

Wir haben ein paar Mal erwähnt, dass achtsame Meditation die Struktur unseres Gehirns verändern kann. Das Praktizieren von Achtsamkeit macht es so, dass bestimmte Bereiche unseres Gehirns, die mit positiven Emotionen, Empathie und Konzentration zu tun haben, aktiver sind, während diejenigen, die mit Angst und Stress verbunden sind, weniger aktiv sind.

Es lenkt uns vom Autopiloten ab

Ein guter Teil von uns fällt in Gewohnheiten und Routinen, auch bekannt als Autopilot. Das bedeutet, dass wir den ganzen Tag über fahren, abends pendeln und so weiter, ohne wirklich darüber nachdenken zu müssen. Das sind die Dinge, die wir Tag für Tag tun, und unser Körper und Geist sind daran gewöhnt. Es gibt kein Problem damit, aber letztendlich können diese Gewohnheiten tatsächlich psychische und physische Gesundheitsprobleme verursachen. Der Einsatz von achtsamer Meditation hilft uns, aktiver und präsenter in unserem täglichen Leben zu werden. Es hilft uns, vom gedankenlosen Autopiloten zum lebendigeren und wacheren Menschen zu gelangen.

Achtsamkeit verändert die Beziehung zu unseren Gedanken.

Unsere Gedanken können unseren Geisteszustand und unsere Stimmung tief beeinflussen. Achtsame Meditation kann uns helfen, negative Gedanken auf zwei verschiedene Arten zu managen.

Erstens hilft es uns, uns der negativen Denkmuster bewusst zu werden, wenn sie geschehen. Indem wir diese bemerken, wenn sie auftreten, sind wir in der Lage, uns selbst davon abzuhalten, in eine tiefere Depression oder Angst zu gehen. Zweitens hilft es uns, unsere Gedanken so zu behandeln, wie sie sind. Nichts als Gedanken. Das hält uns davon ab, gelähmt oder überwältigt zu sein von den Tausenden von Gedanken, die wir jeden Tag haben. Wenn wir in der Lage sind, es nur als einen Gedanken zu sehen, entlassen wir es, anstatt auf diesen Gedankenzug zu springen und uns von ihm eine lange Fahrt machen zu lassen. Mit der

Praxis kann Achtsamkeit uns helfen, weniger beunruhigt oder beunruhigt zu sein durch die Gedanken, die wir regelmäßig haben. Sie werden immer noch da sein, aber wir wissen, dass es nur Gedanken sind. Nicht weniger, nicht mehr.

Es hilft, den Prozess des Überdenkens oder Besessen werdens zu stoppen

Die Beobachtung von Dingen aus der Vergangenheit ist schädlich für unseren gegenwärtigen Geisteszustand und kann sogar die Zukunft beeinflussen. Es ist ein unangenehmer Geisteszustand, in dem Achtsamkeit dieses Muster aufbrechen kann, indem sie uns zurück in die Gegenwart bringt. Anstatt weiterhin über einen Kampf mit unserem bedeutenden anderen oder eine Präsentation nachzudenken, die wir bei der Arbeit präsentieren müssen, können wir uns darauf konzentrieren, in dem Moment, in dem wir leben, Frieden zu finden. Der aktuelle Moment.

Achtsamkeit ist ein großer Realitäts-Check

Studien haben gezeigt, dass, wenn wir Schmerzen erleben, das meiste davon aus unserer Angst davor kommt und nicht aus dem tatsächlichen Schmerz, den wir erleiden. Je mehr wir gegen die Realität kämpfen, desto unglücklicher werden wir. Achtsamkeit gibt uns einen anderen Weg, den wir gehen müssen. Es ermöglicht uns, die Realität als das zu akzeptieren, was sie ist, anstatt zu wünschen, dass sie verschwunden wäre. Ebenso hilft uns diese Art der Akzeptanz der Realität, gesunde Entscheidungen zu treffen und Veränderungen in unserem täglichen Leben zu bewirken. Es hilft uns auch zu sehen, dass Schmerz das ist, was wir daraus machen.

Ja, unser Körper empfindet Unbehagen, aber es muss nicht in einem Maße sein, das eine Beinahe-Lähmung verursacht.

Bevor wir in einige spezifische Formen der achtsamen Meditation einsteigen, lassen Sie uns über Tipps zum Üben von Achtsamkeit sprechen. Diese Strategien und Tipps helfen Ihnen, sich auf Ihre Praxis vorzubereiten und einen reibungslosen Übergang zu schaffen.

Es ist in Ordnung, die Praxis kurz zu machen.

Dies ist besonders wahr und wichtig, wenn Sie zum ersten Mal anfangen. Halte die Übung kurz und bündig. Das Wichtigste, woran man sich erinnern sollte, ist die Entwicklung des Achtsamkeitslebens. Wenn du in der Lage bist, jeden Tag eine Stunde zu finden, um achtsame Meditation zu praktizieren, super! Nicht alle von uns haben diese Art von Zeit jeden

Tag. Es ist in Ordnung, mit zehn bis fünfzehn Minuten am Anfang zu beginnen. Das wird helfen, zwei Dinge zu tun. Es wird dich in eine Routine bringen und du wirst anfangen, relativ schnell Ergebnisse zu sehen. Mit diesen beiden Dingen wirst du mehr üben wollen und die zusätzliche Zeit finden, dich jeden Tag deiner Übung zu widmen.

Schauen Sie sich die formelle und informelle Praxis an

Das Tolle an Achtsamkeit ist, dass sie in beide Richtungen praktiziert werden kann. Formale Meditation ist, wenn wir eine bestimmte Zeit für die Praxis einplanen. Ein Beispiel dafür sind vierzig Minuten. Während dieser Zeit engagieren wir uns formell in unserer Praxis.

Auf der anderen Seite nimmt sich die informelle, achtsame Meditationspraxis die kleinen Momente, ein paar Sekunden nach dem anderen, um zu bemerken, was um uns herum und in uns vor sich geht. Unabhängig davon, welche Form du am meisten praktizierst, sind beide wertvoll und was toll ist, ist, dass du experimentieren und entscheiden kannst, was für dich am besten funktioniert. Irgendwann wirst du vielleicht beides in deinem täglichen Leben nutzen können. Es ist immer gut, diese spezifische Zeit für das Training einzurichten und sich dann diese kleinen Momente zu nehmen, um die Dinge zu erkennen, die um einen herum geschehen. Achtsamkeit rundum!

Achte weiterhin darauf, während dein Gehirn auf Autopilot steht.

Achtsame Bewegung kann Ihnen helfen, mehr auf sich selbst und Ihre Umgebung zu achten, wenn Ihr Gehirn in den Autopilotenmodus wechselt. Das macht das Erkennen dieser anderen Sache, die du tun kannst, um Achtsamkeit zu üben, ohne dich hinsetzen und meditieren zu müssen. Die Zeiten, in denen du träumst oder dich geistlos engagierst, sind die besten Dinge, die du beachten solltest. Das sind die Möglichkeiten, die wir nutzen müssen, um aus Gedankenlosigkeit Achtsamkeit zu machen.

Man muss nicht "gut" in Achtsamkeit sein. Es gibt keinen richtigen oder falschen Weg zu praktizieren, solange man sich selbst oder anderen nichts antut. Wie alles Neue, was wir lernen, wird auch die Achtsamkeit Zeit brauchen, um gut zu lernen, und viele Menschen bleiben dabei, ob sie es richtig machen oder nicht.

Das sind die Arten von Dingen, die uns davon abhalten können, weiterhin zu versuchen, unsere Bemühungen, achtsam zu werden, vollständig zu sabotieren. Wenn sich diese Art von Gedanken in deinen Geist einschleichen, nimm sie zur Kenntnis und mach weiter. Leiten Sie Ihre

Aufmerksamkeit auf den von Ihnen gewählten Schwerpunkt um.

Du könntest eine Meditationsklasse in Betracht ziehen

Offensichtlich ist dies nur ein Vorschlag. Nicht alle Menschen mögen die Klassenumgebung, besonders wenn es um etwas geht, das etwas persönlicher ist. Persönlich bin ich nicht die Art von Person, die die Unterrichtssituation genießt. Ich mag es nicht einmal, wenn mehr als zwei oder drei Leute in meiner Yogastunde sind. Eine achtsame Meditationsklasse ist jedoch eine wirklich erleuchtende Erfahrung. Wenn du einen guten Leiter oder Instruktor hast, bekommst du viele wertvolle Kenntnisse und Tipps aus nur einer Klasse. Es könnte einen Versuch wert sein. Auch hier liegt es ganz bei dir.

Finden Sie heraus, was für Sie passt

Wir haben das schon einmal erwähnt. Was bei dir funktioniert, funktioniert vielleicht nicht bei einer anderen Person und umgekehrt. Alles, was wir besprochen haben und die Techniken, die wir im nächsten Kapitel besprechen werden, sind allesamt nur Vorschläge. Sie sollen dir helfen, das zu finden, was am besten für dich in deinen Meditationen funktioniert.

Dieses Kapitel konzentrierte sich auf die Vorteile einer achtsamen Meditation. Wir diskutierten die Möglichkeiten, wie Achtsamkeit Ihr Gehirn und Ihre allgemeine Gesundheit verändern kann und gaben einige Tipps, um Ihnen den Einstieg zu erleichtern.

Kapitel 17: Mit Meditation Leben

Wenn Sie dieses Buch bis hierhin durchgearbeitet haben, werden Sie bereits erste Erfolge erzielt haben. Sie haben sich jetzt Grundkenntnisse der Meditation angeeignet. Sie haben außerdem erste Erfahrungen gesammelt und vielleicht hat sich Ihr allgemeines Wohlbefinden schon deutlich verbessert, seit Sie selbst aktiv mit der Meditation begonnen haben.

Jetzt kommt es darauf an, dass Sie dabei bleiben und Meditation auf Dauer zu einem selbstverständlichen Bestandteil Ihres täglichen Lebens machen. Nur wenn Sie auch in Zukunft mit dem Meditieren fortfahren, werden die segensreichen Auswirkungen dieser Fähigkeit auf Ihr Leben bestehen bleiben. Machen Sie also auf gar keinen Fall den Fehler, wieder in den alten Trott zurückzufallen, die Meditation zu vernachlässigen und Stück für Stück wieder den destruktiven gedanken und Gefühlen Raum zu geben, die wir schon erfolgreich in ihre Schranken gewiesen hatten.

Meditation hat die Kraft, nicht nur Ihr Leben zu verbessern, sondern auch das der Menschen in Ihrer Umgebung. Wenn Sie konsequent dabeibleiben und sich bemühen, Ihre Fähigkeiten immer weiter auszubauen, dann tun sich nicht nur sich selbst, sondern langfristig auch allen anderen Menschen etwas Gutes. Denn nach dem Gesetz der positiven Anziehung zieht Gutes Gutes an und wenn Sie mit sich selbst im reinen sind, werden Sie auch positiv auf andere wirken.

Es gibt zahlreiche gute Bücher zum Thema Meditation, in vielen Städten werden auch Volkshochschulkurse oder Seminare angeboten, auf denen Sie sich mit Gleichgesinnten treffen können und sich über Ihre Erfahrungen austauschen können. Machen Sie von diesen großartigen Möglichkeiten, Ihre persönliche spirituelle Entwicklung gemeinsam mit anderen voran zu treiben, regen Gebrauch. Es wird sich für Sie doppelt und dreifach auszahlen.

Kapitel 18: Schritt Für Schritt Anleitungen

Wenden wir uns nun einigen einfachen Meditationen der passiven Meditation zu, die den Kindern den Einstieg erleichtern:

Atemeditation:

1. Die Kinder setzen oder legen sich entspannt hin und legen eine Hand auf den Bauch, die andere Hand auf die Brust.

2. Die Kinder atmen unter Anleitung einer Betreuungsperson in einem festgelegten Rhythmus ein und aus.

4 Sekunden in den Bauch einatmen

7 Sekunden die Luft anhalten

8 Sekunden langsam ausatmen

Wenn diese Sequenzen zu Beginn zu lang sind, fangen Sie ruhig mit weniger Sekunden an.

Diese Übung führt dazu, dass die Kinder ihrem Atem durch den Körper folgen können und langsam ruhiger werden, weil Herz- und Pulsfrequenz sinken.

3. Die Betreuungsperson führt die Kinder verbal durch die einzelnen Bereiche des Körpers und fordert sie dazu auf, diese Körperpartien gezielt zu entspannen. Dabei achtet sie auf einen regelmäßigen Atem der Kinder.

☐ Anspannen beim Einatmen

☐ Entspannen beim Ausatmen

Unterstützt werden kann diese Übung durch leise Entspannungsmusik, ein Meeresrauschen oder den Wind, der in den Bäumen raschelt. Es gibt dazu zahlreiche entsprechende Musikaufnahmen.

Zunächst wird es den Kindern vielleicht nicht leichtfallen, sich auf diese Übung einzulassen oder sich darauf zu konzentrieren. Nehmen Sie diese Übung als tägliches Ritual in den Alltag auf und mit etwas Geduld werden sie feststellen, dass die Kinder das Meditieren als festen Bestandteil anerkennen und sich bald schon darauf freuen.

Erweiterung durch eine Phrase:

Die oben genannte Übung kann durch das Wiederholen eines Wortes erleichtert und ergänzt werden. Durch das ständige

Sprechen eines Wortes kann es dem Kind gelingen, sich besser zu fokussieren und den Geist zu beruhigen. Dabei ist der Sinn des Wortes völlig unerheblich, es sollte jedoch klangvoll und weich sein.

Traditionell wird das Wort ‚Omm' ‚one' oder ‚peace' benutzt, wobei die Kinder dieses Wort bei jedem Ausatmen lautlos aussprechen sollten. Aber es kann natürlich auch jedes andere Wort, wie Ruhe, Luft oder Frieden etc. benutzt werden. Bei einer Einzelmeditation können sie das Kind wählen lassen, vielleicht kennt es ja ein Wort, mit dem es besonders wertvolle Erinnerungen verbindet.

Die Meditation kann zeitlich ausgebaut werden, von wenigen Minuten angefangen, bis hin zu 20 Minuten am Tag. Als betreuende Person sollten sie jedoch darauf achten, dass die Kinder nach Abschluss der Meditation nicht sofort aufspringen, sondern ganz langsam wieder zurückgeführt werden. Die Kinder sollten die Möglichkeit haben ganz behutsam den Zustand des Meditierens wieder loszulassen und behutsam wieder in der Realität zu landen.

Der Vorgang des Meditierens an sich ist nicht zweckgebunden und sollte mit keinen Erlebnissen oder Erkenntnissen verbunden werden. Das wird niemals funktionieren. Bauen Sie also bei den Kindern im Vorfeld keine Erwartungshaltung auf. Beteuern Sie, dass jedes individuelle Erfahren der Entspannung anders verläuft und dass es so, wie es erlebt wurde, völlig OK ist. Das Loslassen, sich einlassen und auch das Erfahren eines meditativen Zustands, sei er nur durch das Erleben der Stille, bewusstes Atmen oder Klang- oder Visualisierungsmethoden lässt sich nicht in ein Muss zwängen, es ist ein Kann und sollte auch von jedem Kind so erlebt werden. Es ist ein Geschenk, eine Zuflucht und eine Erfahrung. Und die gestaltet sich für jeden Menschen, ob jung oder alt, sehr unterschiedlich.

Meditation durch geführte Bilder:

Bilder können positive Emotionen auslösen und damit angst- und stressbefreiend wirken. Die Visualisierung von Bildern kann Kinder auf ihrem Weg zur Meditation, aber auch während der Meditation, hilfreich begleiten.

1. Die Kinder legen oder setzen sich bequem hin und legen eine Hand auf den Bauch, die andere Hand auf die Brust.

2. Sie beginnen mit der geführten Atemübung und werden dazu aufgefordert, sich einen Ort vorzustellen, an dem sie sich besonders wohl und geborgen gefühlt haben.

3. Fordern Sie die Kinder dazu auf, das Gefühl, das sie dabei hatten, nachzufühlen - die Wärme, die Weichheit, den Duft und sich ganz diesen Gefühlen und Düften zu überlassen.

4. Anfänglich ist es auch denkbar, den Kindern auf einer Leinwand ein Bild zu zeigen und sie in der Runde oder einzeln dazu aufzufordern zu sagen, welche Gefühle dieses Bild in ihnen auslöst. Diese Eindrücke sollen dann bei der Visualisierung mit in die Meditation eingebracht werden. Sie können aber auch die Phase in das Eintauchen in die Bilder mit ihren Worten über dieses Bild und die Gefühle, Geräusche und Düfte beschreiben und somit die Konzentration auf das Bild für die Kinder begünstigen.

5. Achten Sie darauf, dass die Kinder am Ende die Meditation erst langsam wieder verlassen und lassen Sie ihnen die Ruhe sich allmählich wieder an die reale Umgebung zu gewöhnen.

Musiktherapie:

Genauso wie angenehme Bilder, kann auch beruhigende Musik die Meditation begleiten. Achten Sie als betreuende Person darauf, dass Sie eine ruhige, aber stimmungsaufhellende Musik auswählen um den Kindern eine Welt mit freundlichen und lichten Tönen zu ermöglichen.

Die Vorgehensweise ist der oben bereits beschriebenen, sehr ähnlich.

1. Bereiten Sie die Kinder durch Atemübungen auf die Meditation vor. Wenn Ruhe eingekehrt ist und das Kind oder die Kinder ruhig und gleichmäßig atmen, schalten Sie die Musik an und führen Sie die Kinder durch das Entspannen der einzelnen Körperbereiche in den Zustand des Meditierens.

2. Alternativ können Sie die Kinder dazu auffordern sich zum Klang der Musik im Raum zu bewegen und den Atem ihrer Bewegung anzupassen. So können Sie das Angebot den Bedürfnissen des Kindes leicht anpassen. Fordern Sie die Kinder auf, weiche Bewegungen im Rhythmus der Musik zu gestalten und bieten Sie ihnen die Möglichkeit sich nach Einsetzen der Beruhigung die Meditation im Sitzen oder Liegen fortzuführen.

3. Sie können die Musiktherapie auch durch eigenes Musizieren durchführen. Beispielsweise durch rhythmisches Trommeln, dem Klangspiel auf einem Xylophon oder einer Triangel. Aber natürlich ist auch ein leises Gitarrenspiel, die Mundharmonika oder ein Akkordeon denkbar. Wichtig ist jedoch, dass Sie beachten, dass die Musik die Meditation unterstützt und die Kinder nicht davon ablenken soll.

Noch eine Übung für kleine Kinder:

1. In der Mitte eines großen Raums ist ein Kreis aufgezeichnet, der umfangreich genug ist, damit alle Kinder der Gruppe dort am Rand einen Platz finden.

2. Nachdem die Kinder zum rhythmischen Klang einer Triangel langsam durch den Raum gegangen sind, setzen sie sich im Schneider- oder Fersensitz an den Außenrand des Kreises.

3. Die Kinder schließen, wenn es möglich ist, die Augen und strecken die Arme in die Luft.

4. Dann lassen sie die Arme langsam wieder sinken.

5. Ist der Klang verhallt, sollten die Kinder die Hände mit den Handflächen nach oben auf dem Schoß liegen haben und der Stille lauschen.

6. Diesen Vorgang können Sie einige Male wiederholen.

7. Dann recken und strecken sie sich und öffnen langsam wieder die Augen.

Diese Übung ist besonders geeignet für den Beginn oder das Ende eines Kindergartentages. Es ist schön für die Kinder, wenn Sie die Mediation mit einem Satz beginnen, den Sie mit den Kindern zusammen aufsagen können:

Anfang des Tages:

Lasst uns den Tag mit Stille beginnen

Bevor wir dann tanzen, singen und springen

Doch jetzt wollen wir still sein

Und hören in uns hinein

Ende des Tages:

Lasst und den Tag mit Stille beschließen

Wir konnten das Spielen und Toben genießen

Doch jetzt wollen wir still sein

Und hören in uns hinein.

Die Kinder erlernen dabei spielerisch die Verbundenheit zwischen bewegen und ruhen, vom laut und leise sein. Das Konzentrieren auf das Geräusch und die abnehmende Intensität fördert das Wahrnehmen der Außenreize und das Zurruhekommen. Durch die Regelmäßigkeit des Rituals wird das Erleben zudem vertieft.

Noch eine alternative Übung, die sich besonders gut im Freien durchführen lässt:

1. Die Kinder setzen sich in den Fersensitz und legen eine Hand auf die Brust und eine Hand an den Hals.

2. Dann tönen alle gemeinsam nach der Melodie ‚Alle meine Entchen' wobei die Kinder durch die Nase einatmen und tönend durch den Mund ausatmen:

Ha-ha-ha-haha

He-he-he-he-he

He-he-he-he-he

Ho-ho-ho-ho-ho-hoooo

Hi-hi-hi-hi-hiiiiiiii

Dabei atmen die Kinder lange aus und lauschen der Stille. Es entstehen Vibrationen, sie regen die Durchblutung an und können am Hals mit den Händen gespürt werden. Damit wird der Körper zu einem Resonanzträger und durch das verlängerte Ausatmen entsteht eine Muskelentspannung. Die Kinder lernen dadurch ihren Körper besser wahrzunehmen und sich auf ihn zu konzentrieren.

Wenn Sie die Mediation als Mittel zur Beruhigung oder Entkrampfung für ihr eigenes Kind einsetzen wollen, gibt es auch noch verschiedene Arten an Massagetechniken, die Sie bei Ihrem Kind einsetzen können. Diese therapeutischen Massagen werden auch speziell begleitend bei hyperaktiven und kranken Kindern angewendet. Lassen Sie die Massagen nur durch geschultes medizinisches Personal durchführen.

Hier einige Beispiele:

1. Schwedische Massage

Die Muskeln und Gelenke werden mit langen gleitenden Bewegungen,

Klopfbewegungen, reiben und kneten bewegt. Besonders beruhigend und lösend wirkt diese Massage durch aromatische Öle und Düfte (z.B. Lavendel). Das Kind wird dabei sanft und rhythmisch massiert und kann sich dabei hervorragend entspannen.

2. Tiefenmassage

Hier werden die Kinder mit Druck auf bestimmte Bereiche massiert. Dabei werden vor allem die unteren Muskelschichten und das Bindegewebe massiert.

3. Triggerpunktmassage

Der Therapeut konzentriert sich dabei auf die sogenannten Triggerpunkte (Knoten) im Bindegewebe und in den Muskeln, die beim Drücken normalerweise schmerzhaft sind. Diese Massage löst tiefliegende Verspannungen der Muskulatur und führt gleichzeitig zu einer geistigen und seelischen Entspannung.

Kapitel 19: Bilder Und Szenarien

Haben Sie die vorherigen Ratschläge beherzigt und gut durchdacht, dann können Sie nun tiefer in die Meditation einsteigen. Sie wissen bereits, wie Sie einen Einstieg in Ihre Meditationsphase finden. Sie konzentrieren sich auf einen bestimmten physischen Punkt an oder in ihrem Körper, Ihre regelmäßige Atmung oder versuchen einen Gedanken festzuhalten, ohne von diesem abzuschweifen. Sie beherrschen somit die ersten Phasen einer Meditation. Für die folgenden Phasen gibt es verschiedene Möglichkeiten fortzufahren. Alle Optionen sind immer mit einer starken Visualisierung verbunden. Sie können Ihrer Phantasie freien Lauf lassen, was genau Sie sich vorstellen wollen, um Ihre Sinne und Ihren Fokus zu schärfen. Hier kommen 5 mögliche Szenarien für Sie:

Szenario 1

Stellen Sie sich Ihren Lieblingsort vor. Einen wunderbaren Ort aus Ihrer Erinnerung. Vielleicht stehen Sie auf einem Felsen über dem Meer. Unter sich sehen Sie das strahlend blaue Meer. Stellen Sie sich vor, wie Sie hineintauchen und das klare Wasser Ihre Sinne belebt. Spüren Sie jeden einzelnen Tropfen auf Ihrer Haut. Jeden Fisch, der Ihre Hand streift und jeden Sonnenstrahl, der die Wasseroberfläche durchbricht. Wechseln Sie die Perspektive und stellen Sie sich vor, wie sich dieses kristallklare Meer in Ihnen befindet. Ihre Seele selbst ist der Ozean, in den Sie nun hinab tauchen wollen und den Sie ergründen wollen.

Szenario 2

Erschaffen Sie sich weitere Orte. Der Klassiker: Sie liegen auf einer Blumenwiese. Spüren, wie Ihnen der Wind durchs Haar streift. Die Luft riecht nach Blumen. Grillen zirpen und ein Käfer krabbelt Ihnen über die Hand. Achten Sie auf jedes kleine Detail. Was passiert noch, während Sie auf der Wiese liegen?

Szenario 3

Stellen Sie sich vor, dass in Ihrem Innersten eine Rose wächst. Zuerst die Knospe, diese wächst langsam heran und beginnt sich zu öffnen. Betrachten Sie jedes einzelne Blütenblatt und sehen Sie, wie sich die Rose langsam öffnet. Tautropfen rollen am Stiel hinab. Langsam entfaltet die Rose ihre volle Pracht und beginnt einen wunderbaren Duft zu verströmen. Das alles passiert natürlich in langsamster Zeitlupe, in der Sie jedes noch so kleine Detail Ihres Szenarios realisieren.

Szenario 4

Sie stehen im Raum. Mit jedem Atemzug atmen Sie ein bisschen mehr Luft aus diesem Raum. Zählen Sie die Atemzüge. Stellen Sie sich vor, wie Sie nach und nach leichter werden, weil Sie sich mit der Luft im Raum füllen. Ihre Füße heben fast vom Boden ab.

Szenario 5

Sie sind von einem Flammenmeer umgeben. Das Feuer um Sie herum ist heiß und mit jedem Atemzug den Sie tun, nehmen Sie die Hitze des Feuers in sich auf. Ihr Körper wird wohlig warm. Nach einigen Atemzügen geben Sie beim Ausatmen die Hitze wieder an Ihre Umgebung ab.

www.ingramcontent.com/pod-product-compliance
Lightning Source LLC
Chambersburg PA
CBHW071432070526
44578CB00001B/80